快·学习

快速跟进 学习参考

不信邪 不怕鬼 不怕压

本书选编组 编

传统源流

一脉相承

斗争方向

斗争精神

斗争本领

中共党史出版社

图书在版编目（CIP）数据

不信邪、不怕鬼、不怕压 /《不信邪、不怕鬼、不怕压》选编组编 . -- 北京：中共党史出版社，2022.12
（快·学习）
ISBN 978-7-5098-6093-9

Ⅰ . ①不… Ⅱ . ①不… Ⅲ . ①中国共产党—思想斗争—学习参考资料 Ⅳ . ① D261.2

中国版本图书馆 CIP 数据核字（2022）第 142148 号

启事：本书选用部分作品尚未与有关作者、编者取得联系，我们深感不安。恳请有关权利人联系我社，我们将按相关规定支付稿酬。
（联系人：陈海平　电话：010—82517598）

出版发行：中共党史出版社
责任编辑：崔立仁　贾欣琪　赵雨　李杨
责任校对：申宁
责任印制：段文超
社　　址：北京市海淀区芙蓉里南街 6 号院 1 号楼
邮　　编：100080
网　　址：www.dscbs.com
经　　销：新华书店
印　　刷：北京盛通印刷股份有限公司
开　　本：160mm × 230mm　1/16
字　　数：200 千字
印　　张：16.25
版　　次：2022 年 12 月第 1 版
印　　次：2022 年 12 月第 1 次印刷
ISBN 978-7-5098-6093-9
定　　价：48.00 元

目 录

目 录

目 录

传统源流

嘉言录

天行健，君子以自强不息。

——《周易》

诚既勇兮又以武，终刚强兮不可凌。

——屈原《九歌·国殇》

备豫不虞，为国常道。

——《贞观政要·纳谏》

志士仁人无求生以害仁，有杀身以成仁。

——《论语·卫灵公篇》

遇事无难易，而勇于敢为。

——欧阳修《尹师鲁墓志铭》

诛一恶而众恶惧。

——魏徵《群书治要·体论》

老夫复欲东南征，乘涛鼓枻白帝城。
路幽必为鬼神夺，拔剑或与蛟龙争。

——杜甫《桃竹杖引，赠章留后》

新松恨不高千尺，恶竹应须斩万竿。

——杜甫《将赴成都草堂途中有作先寄严郑公·其四》

月缺不改光，剑折不改刚。月缺魄易满，剑折铸复良。

寸寸山河寸寸金，侉离分裂力谁任。
杜鹃再拜忧天泪，精卫无穷填海心。

——黄遵宪《赠梁任父同年》

人无刚骨，安身不牢。

——施耐庵《水浒全传》第二十四回

宝剑锋从磨砺出，梅花香自苦寒来。

——《警世贤文·勤奋篇》

势利压山岳，难屈志士肠。男儿自有守，可杀不可苟。

——梅尧臣《古意》

咬定青山不放松，立根原在破岩中。
千磨万击还坚劲，任尔东西南北风。

——郑燮《竹石》

苟利国家生死以，岂因祸福避趋之。

——林则徐《赴戍登程口占示家人二首》

一从大地起风雷，便有精生白骨堆。僧是愚氓犹可训，妖为鬼蜮必成灾。

金猴奋起千钧棒，玉宇澄清万里埃。今日欢呼孙大圣，只缘妖雾又重来。

——毛泽东《七律·和郭沫若同志》

山下旌旗在望，山头鼓角相闻。敌军围困万千重，我自岿然不动。

——毛泽东《西江月·井冈山》

全军民，要自立。不怕压，不怕迫。
不怕刀，不怕戟。不怕鬼，不怕魅。
不怕帝，不怕贼。奇儿女，如松柏。

——毛泽东《八连颂》

远古治水中的朴素唯物主义和朴素辩证法思想*

张晓红

我们伟大的祖国是人类文明的发祥地之一。从现在地下发掘出来的材料来看，我们祖先大约在170万年前就劳动、生息在这块土地上。但在那个时候，原始的野蛮人只能以自身的改变去消极适应环境的变化，消极利用自然界的现成成果。直到距今七八千年的新石器时代，才出现了以原始农业为主的兼饲家畜的生产方式，同时也就出现了与原始农业相适应的原始灌溉形式。我国原始农业最早出现在黄河上、中游和长江下游流域等灌溉方便的地方，就是因为和农业的用水问题有关。但是人类近水而居又必然带来易受洪水侵害的威胁，水旱灾害的经常发生既会严重威胁到人类的生存和发展，又会导致对农业生产的致命打击，因此人们便开始了最早的治水活动。

人类最初的治水活动，不仅是人从自然界最后分化出来的一个显著标志，而且从某种意义上甚至可以说人类文明就是以利用河水为基础而形成的，人类早期的治水活动孕育着现代文明的源泉，同时也孕育着哲学的胚芽。大禹治水的传说、《周易》和“五行”说就明显地体现出中国历史上源远流长的朴素唯物主义和朴素辩证法观念的萌芽。

据地质学家研究，在“新冰期”后，由于温度升高，冰雪融

---

* 节选自《武汉交通科技大学学报》(社会科学版)2000年第1期。

解，在全世界许多地方都曾普遍遭受洪水之灾。从传说中的黄帝以来，我们祖先就累世与洪水进行了长期艰苦的斗争，历经了原始氏族社会阶段的漫长时期。

关于这次征服洪水的传说，我国古代史籍留下了许多珍贵的记录，据《尚书·尧典》中记载，相传尧、舜、禹的时候（大约在公元前21世纪），黄河流域连续出现特大洪水，“汤汤洪水方割，荡荡怀山襄陵，浩浩滔天，下民其咨”。滔天的洪水淹没了广大的平原，包围了丘陵和山岗，人畜死亡，房屋农田都被洪水吞没，大水经年不退，给人民带来了深重的灾难。面对这场严重的自然灾害，我们的祖先并不是听天由命，再倒退回去过那种采集渔猎的生活，而是同大自然展开了英勇的搏斗。

在这些传说里，共工和鲧都曾率领民众，进行过顽强的斗争，其中以大禹最为有名，他的治水事迹和艰苦卓绝的精神世代流传，成为远古人民征服洪水的象征，反映了当时人们征服自然的理想和愿望。《国语·周语下》记载了共工治水的方法是“壅防百川，堕高堙庳”，把高处泥土石块搬下来，在离河一定距离的低处修建一些简单的土石堤埂来抵挡洪水的侵犯，起初治水颇有成效，深受群众爱戴。

稍晚于共工的治水人物是鲧，他沿用了共工的老办法，这就是《淮南子·原迫训》中所说的“鲧作三仞之城”，也就是说鲧仍然采用堤埂的方法保护居住区和田地。但据《尚书·尧典》记载，鲧治水“九载绩用弗成”，他治水多年没有成功。鲧失败的原因，史书没有记载，但分析起来，推想当时部落已逐渐扩大，生产规模也有所发展，受灾面积更大，因此再机械套用“障洪水”的老办法，显然难以普遍保护居民的安全和生产。

大禹的治水方法，是在共工与鲧治水的基础上实行的改革，被后人称之为疏导法，即《国语·周语下》中所说，“高高下下，疏川导滞”，这就是利用水自高处向低处流的自然趋势，顺地形把壅塞的川流疏通，把洪水引入已疏通的河道、洼地或湖泊，然后“合通四海”。这样，一个新的治水方法便形成了，通过疏导分流，一是除去水中的障碍，二是增多泄水的去路。

大禹之所以能够治水成功，实施空前规模的河水疏导，当然有相应的技术措施，但从根本上分析，大禹比其父亲鲧更高明之处，却在于其辩证思维的方法。根据客观情况的变化，首先禹采用了符合河水运行规律的以疏导为主的治河方法，比共工氏和鲧的“障洪水”的治河办法前进了一步，从单纯的消极的防洪进到积极的治河，已经部分地改变了河流的自然状况，经过人工疏浚后的河道，排水能力增加，防洪的效果好多了。这正是大禹深入治水实践，对自然事物特性认识把握的结果，反映了原始社会开始进入奴隶制社会时期朴素唯物主义观念的萌芽。

其次大禹在认识把握水之特性的基础上，采取了既相互对立又相互统一的治水方法，这就是疏导和堙塞的方法。疏导与堙塞是两种完全不同的治水方法，前者重流畅，后者重阻挡，但它们却又是辩证统一、相辅相成，在实际运用中不能截然分开的治水方法。如果治水时不先加以围堵，也难以实行有计划的疏泄。禹治水时就是“陂障九泽”，有计划地把一部分洪水引入低地拦蓄起来，通过蓄水分洪，减轻洪水的威胁，从而成功地治理了肆虐泛滥的洪水。

显然，大禹既看到两种方法各自的优势，又看到各自的不足，而每种方法的优势又恰恰是对对方不足的弥补，从而采取了两种方法并用的系统方法，通过堤防障水，按人的需要把水控制在一定范围流动；通过疏分排水，使水宣泄畅通，避免洪水淹没成灾。疏导中的一个“导”字，活脱脱地说明了疏分方法的人为主导性，是让洪水在既定范围内有计划地流动，即堤防与疏分的辩证统一。我们不由得感叹大禹在治水中对辩证思维的驾驭。

早在史前时代，中国就有伏羲画卦的传说，八卦分别象征着自然界中天、地、雷、风、水、火、山、泽等现象，“八卦”的核心是阴阳观念。阴阳观念在周代得到了进一步发展，有了更概括的含义，并在《易经》中得到发展完善。《易经》又名《周易》，简称《易》，含有变易之意，是推究阴阳变化，预卜吉凶福祸的卦辞之书。在这个神秘的思想体系中，包含有大量当时人们观察自然和社会矛盾运动所获得的经验总结和预见，有大量形象而生动的朴素辩证法思想和古人治水活动的历史记录，如防洪、灌溉、航运和水政；等等。“涣卦”和“井卦”就是其中两个典型的有关水事的例子。

涣卦。“涣，亨。王假有庙，利涉大川，利贞。”

“涣卦”是记录上古人民抗洪斗争的一个专卦。它描述了虽然洪水泛滥给人民造成了极大威胁，但经过人们的拼搏抢救，终于获得了“吉”“元吉”“无咎”（只一爻为“悔亡”）的战果。它说明洪水虽然凶猛，但并不可怕，只要发挥人的主观能动性，就能使矛盾发生转化。当洪水到来时，危及了人们的生命财产，其结果是凶还是吉，它与人的态度和行动有很大关系。如果敢于斗争，就能战胜洪水。同时，一次洪水过去了，还会有下一次洪水出现，这就从积极的方面告诫人们要随时提高警惕，避免凶的再现。而凶和吉这对矛盾的转化也是有条件的，它在很大程度上取决于人的主观能动性。这就把实现矛盾的转化与人的主观能动性发挥的思想联系起来了。

井卦。“井，改邑不改井，无丧无得，往来井井。汔至。亦未繘井，羸其瓶，凶。”

“井卦”是记录上古人民水利灌溉的专卦。虽然从甲地到乙地的行政区划的封邑改变了，然而地底下同一含水层的连通并没有什么改变，依然可以通过原始坎儿井的形式，利用同一地下水源进行农田浇灌，这是变中有不变。一个好的水利工程有利于农田灌溉，然而只用不修，管理不善，就会造成水井的干涸淤塞而废弃，这是不变中又有变。这说明当时人们已经观察到事物变化过程的复杂性，初步认识到矛盾双方相互转化的性质，显示了原始朴素辩证法思想的光辉。

我国古代的“五行说”，是由八卦说演变而来，反映了古代人们对宇宙构成的物质元素的形和质的观点，从对事物特性的认识来说，又进了一大步。“五行”指水、火、木、金、土这五种自然物质或材料，是先民对日常生活与生产活动中，经常接触的、有实用价值的五种具体物质的概括。“五行说”不但广泛说明了各种事物的特点、本性，而且更广泛地说明了各种事物的内外联系、关系的差别性与多样性，并特别重视人事活动与自然秩序的相互关系和协调，为天人合一的思想奠定了理论基础。

《尚书·洪范》的作者，用“五行”的观点分析了禹的父亲鲧治水失败的原因，他认为世界万物和社会秩序都是上天安排的，而鲧在治洪水的时候，采取了只堵不疏的办法，违背了水和土的特性。也就是说，水性本来润下，向低处流动，鲧违反了水的本性，不懂得五行间的对立统一和相辅相成的关系，才惹得上天震怒，结果治水失败了。禹改变了治水的办法，勤浚沟洫，疏导引洪，符合水土的特性，终于治水成功。这不过是在宗教的外衣下，透露出人们对于水和土的本性及其辩证关系的认识，表达了物质自身规律不能违反的思想观点，显示出中国传统哲学中唯物主义思想的传统。

大禹治水、《易经》和“五行说”中朴素唯物主义和朴素辩证法的思想，反映了我国古代先民们的高度智慧，对当时人们处理事物和以后辩证思想的发展，都产生了深远的影响。“一切客观世界的辩证法的运动，都或先或后地反映到人的认识中来”。我国古代思想家慎到就曾精辟地论述了治水技术是在实践中不断总结提高的观点。《慎子》一书中写道：“法非从天下，非从地出，发于人间，合于人心而已。治水者茨防决塞，九州四海相似如一。学之于水，不学之于禹也。”随着生产力的发展，人们对自然的认识和对自然力的控制、利用也随之提高，人们与洪水英勇搏斗的经验反映到人们的思想中，为朴素的唯物论和朴素的辩证法的形成和发展提供了新的素材，而同时代的哲学思想又为治水提供了理论思想的指导，这就是哲学与科学相互促进发展的辩证法。

（张晓红：武汉大学马克思主义学院教授）

班超经略西域的决策艺术及其时代价值*

朱永梅　陈金龙

东汉定远侯班超是我国历史上著名的边疆治理官员。他带领1000余人经略西域30多年，使西域诸国“悉皆纳质内属焉”，显示出了高超的治理艺术和领导智慧，值得研究。

一、班超经略西域的形势

西域是个地理名词，汉代时主要指玉门关以西、葱岭以东地区。公元前60年，汉宣帝在西域设都护府，行使主权。西域原有36国，到东汉时已分化为50余国。这些国家是地域大小不等、人数多少不一的民族群体，非现代政治意义上的国家。西域诸国文化多元、力量分散，但田地肥美广阔，因而成为匈奴掠夺和压榨的对象。联合西域各民族共同对抗匈奴，成为两汉时期的西北方略。西域归属问题关系汉匈对抗的局势变化，进而影响到河西地区的争夺。西汉后期国力衰弱，已无法掌控西域。王莽之乱后，西域各国纷纷投向了匈奴。直至东汉明帝时，匈奴胁迫西域诸国攻击河西地区，致使“河西城门昼闭”，加之中原局势已稳固，东汉才将视线又一次投向了西域。

---

* 节选自《领导科学》2016年第33期。

班超所面对的西域的形势非常严峻。首先，西域路途险远。如于阗距离洛阳数千公里，途中仅河西走廊东西距离就约 1000 公里。戈壁滩上飞沙走石，昼夜温差极大，条件艰苦。其次，西域诸国文化差异大，民族矛盾复杂。诸国林立，攻伐不止。西域是东西方文化的交会地，文化上的差异导致治理起来非常困难。班超人马孤悬于塞外绝域，随时可能遇到意想不到的危险。张骞出使西域时就被匈奴扣押 10 年之久。再次，班超军队人数少且成分复杂。班超领兵最少时只有 36 人，最多时不过 1800 余人。士兵“本非孝子顺孙，皆以罪过徙补边屯”之人。如汉章帝建初五年（80），为支援班超攻打西域强敌龟兹，汉章帝只派遣了免刑的和自愿从军的 1000 多名士兵驰援班超。如此形势下，班超的决策智慧和领导艺术对西域归属发挥了重要作用。

二、班超经略西域的领导艺术

（一）宽小过，总大纲

据《后汉书》记载，班超年老从西域归来后，继任者任尚向其请教经验。班超以“水清无大鱼，察政不得下和。宜荡佚简易，宽小过，总大纲而已”总结他的治理经验，即要减少约束，简单从事，对小的过失要宽容，把握好大的原则。这一领导艺术首先表现在班超对西域诸国治理的原则性和灵活性上。班超以微薄力量经营西域，西域的人心向背是关键所在。因此，班超牢牢抓住处理西域问题的原则和方向，即政治上的归顺与忠诚，在此原则下，分析具体情况，采取不同措施。对于政治上归附汉朝的西域国家，班超不仅不剥夺其权益，而且赏赐有加。这一做法和匈奴从西域收税敛财的政策形成鲜明对比，因而逐渐获得了西域各国的支持。对于狐疑不决、摇摆不定的首领，班超以威慑、利诱、智谋等方法，铲除设置障碍的真正敌人。在于阗，诱杀离心离德的巫师，使于阗王归附；在鄯善，奇袭匈奴使者，使鄯善王消除顾虑；对于少数坚决投靠匈奴、一再反叛的首领，班超联合西域内倾向汉朝的军事力量给予坚决果断的打击。这样，班超以较小的代价获得了政治上的统一和西域人民的支持。因此，汉和帝刘肇赞其“不动中国，不烦戎士，得远夷之和，同异俗之心”。

班超宽小过、总大纲的领导艺术还表现在对组织内部关系的协调上。领导艺术是平衡人际关系的艺术。群体关系顺了，才能凝聚众人力量；反之，群体内讧，力量就会消解。班超气量恢宏、胸怀宽广，对下属管理不拘小节，深孚众望，兵士因而甘愿“死生从司马”。

总之，班超“荡佚简易”的边疆治理方略被实践证明是成功的。反观班超继任者任尚，“性严急”，在对西域诸国的治理上没有采纳班超的良言良策，一味迷信武功，治理措施冷峻严苛，导致他执掌西域短短四年后，诸国反叛。

（二）不入虎穴，不得虎子

班超在西域要想取得成功，就必须展示东汉的实力。因此，他在和匈奴狭路相逢时必须勇猛取胜，使西域安心归附，心悦诚服。班超何以能够在险远之西域以少胜多呢？主要凭借他敏锐的观察、准确的判断、果敢的决策、及时的激励、不惧危险的英雄品质和领导智慧。班超带领区区 36 人在西域第一站鄯善国斩杀匈奴使者百余人，是他的成名之战，树立了个人威望，展示了东汉国威，获得了汉明帝的欣赏和信任。班超在鄯善时，一开始鄯善王“礼敬甚备，后忽更疏懈”。他察觉到形势的变化，设下计谋，查明原因是匈奴使者到来。班超认为形势危急，进而谋定“吉凶决于今日”“不入虎穴，不得虎子”。他召集下属，以“如令鄯善收吾属送匈奴，骸骨长为豺狼食矣”的危险形势激怒下属，以“欲立大功”“死无所名，非壮士也”的目标和志向激励下属，从而消除了士兵的怯懦心理。定下作战计划后，班超冲锋在前，“超手格杀三人”。士兵气势如虹，官兵用命，全歼匈奴之敌，并“召鄯善王广，以虏使首示之，一国震怖”，树立了汉朝国威，瓦解了匈奴在鄯善的统治，赢得了鄯善的臣服。随后，于阗、疏勒、月氏国的归附也都有赖于班超决断及时、勇猛无畏的指挥艺术。这种身先士卒、勇猛刚毅的行为示范，感染、影响着下属和西域人民。

需要指出的是，班超的勇猛不是莽夫之勇，而是智勇双全。在鄯善使用的是深夜出奇制胜的火攻。而月氏 7 万兵马来犯时，班超部众因人少皆惊恐不安。班超却冷静地分析：“月氏兵虽多，然数千里逾葱领来，非有运输，何足忧邪？”他的勇敢镇定给了部属极大的安全感和信赖感。部队于是坚守不出，待月氏军队粮绝向外求援时，班超设伏兵突袭，一举获胜，使得“月氏由是大震，岁奉贡献”。

（三）抚顺民心，联众治乱

班超在西域时，深知匈奴“敛税重刻，诸国不堪命”，西域人民心怀怨愤。而汉朝希望联合西域诸国，断匈奴右臂，意在“怀柔远人”，在利益上则是供给而无索取。西域人民心向汉朝，西域广大的人民是联合和依靠的对象，这是班超纵横西域的群众基础。因此，班超尊重民意、安抚群众、发动群众、依靠群众，并团结西域一切可以团结的人士。在疏勒时，班超废黜龟兹人所封国王兜题，改立疏勒原国王侄子忠为王，获得了疏勒国民的拥护，并排除异议没有杀掉兜题，将其驱回龟兹。在于阗杀巫师后，“超重赐其王以下，因镇抚焉”，安抚百姓。

班超在西域的活动也曾陷入困境。汉明帝去世时，焉耆趁汉朝国丧之际杀害西域都护陈睦。班超孤守盘橐城一年多。汉章帝继位后担心班超“单危不能自立”，于是令班超返还。疏勒国听说这个消息后，举国忧恐。都尉黎弇竟至自刎身死。班超行至于阗时，民众皆号泣，“依汉使如父母，诚不可去”，并抱着马脚，使班超不能前行。群众的拥护使班超决定留下来完成未竟事业。有了民众的支持，班超就可以征发西域本土兵力讨伐叛逆力量。当他扶持的疏勒王忠后来因利益诱惑反叛时，班超能“悉发其不反者以攻忠”而获得胜利。从领西域四国兵力1万人攻姑墨，到发诸国2.5万人击莎车，最后征7万人讨焉耆，可见班超在西域的群众基础逐步扩大，在地广人稀和文化多元的西域能做到如此是十分不易的。

西域诸国归附汉朝后，在班超治理下获得了宝贵的稳定发展时期。但是，班超的个人作用不宜过度拔高，东汉前期国力雄厚及其对西域“多予少取”等政策、匈奴衰落等客观因素发挥了基础作用。

（朱永梅：西南民族大学西南民族研究院讲师；陈金龙：西南民族大学马克思主义学院副教授）

南朝战史上的奇迹创造者 *

——萧梁名将陈庆之

朱大渭

毛泽东在解放后日理万机的国事操劳中，对《陈庆之传》一读再读，对传内许多处又圈又点，画满着重线，并充满深情地批注："再读此传，为之神往"。陈庆之到底是怎样一个历史人物，他的业绩何以能引起毛泽东如此关注动情呢？

陈庆之，字子云（484—539），义兴郡（今江苏宜兴）国山县人。自幼跟随梁开国皇帝萧衍，应对殷勤，颇受亲赏。南齐永元三年（501），庆之18岁，从萧衍起兵，攻破京都建康有功，先为主书，后除奉朝请。庆之出身寒微，虽常思为国效力，但当时高门士族执掌朝政，他在仕途上很不得志，长期不被重用。直到萧梁普通六年（525）正月，魏镇东将军徐州（今江苏徐州市）刺史元法僧降梁，梁廷以庆之为武威将军率军接应。这时庆之已年满41岁。事后庆之被升为宣猛将军。三月，梁廷派庆之率军2000送豫章王萧综为徐州刺史，入镇彭城。五月，北魏遣安丰王元延明、临淮王元彧率军2万来攻，延明遣其别将丘大千为先锋，庆之击破之。梁武帝怕萧综失利，敕其引军南还。综素有反志，遂弃彭城逃降北魏，众军溃散，诸将不能制止。唯庆之率所部斩关夜退，全军而返。史称庆之"临乱能整，异于诸将"。

---

* 节选自《文史知识》1992年第12期。

梁大通元年（527）十月，庆之随领军曹仲宗伐魏，大军直指魏南兖州治所涡阳（今安徽蒙城）。魏派征南将军、常山王元昭等率马步5万增援，前军至驼涧，离涡阳40里。庆之主张逆战，寻阳太守韦放惧魏军轻锐，反对。庆之认为:“魏人远来，皆已疲倦，去我既远，必不见疑，及其未集，须挫其气，出其不意，必无不败之理。”他亲自率麾下200骑进击，果破敌前军，魏人惊骇。庆之乃还军与诸将连营而进，背涡阳城与魏军相持。“自春至冬，数十百战”，将士疲弊。魏之援兵复欲于梁军后筑垒，曹仲宗等恐腹背受敌，议谋退师。庆之却认为：置兵死地，乃可求生。魏军连筑13城，成掎角之势。庆之衔枚夜出，袭陷其4城，魏涡阳城主王伟乞降。余下9城，兵甲犹盛，韦放遣降者30余人，分报魏军诸营。庆之“乃陈具俘馘，鼓噪而攻之”，韦放军也同时出击，九城皆溃。梁武帝手诏嘉勉庆之:“本非将种，又非豪家，觖望风云，以至于此。可深思奇略，善克令终。”

梁大通二年（528）四月，北魏政权在各族人民起义的沉重打击下，土崩瓦解，新兴羯胡酋帅尔朱荣发动河阴之变，大杀宗室大臣后掌握朝权。魏北海王元颢来降，求立为魏主。梁武帝欲利用其向北拓地，封元颢为魏王，以陈庆之护送元颢北还。十月二十九日，陈庆之袭取魏铚城（今安徽宿县西南），旋破荥城（今河南宁陵南）。梁中大通元年（529）二月二十日，魏廷遣都督丘大千镇梁国（睢阳，今河南商丘南）。四月，陈庆之乘虚北上，进围梁国，魏守将丘大千有众7万，在城外分筑九城，以抵御梁军。陈庆之率将士奋力攻城，自早晨战至下午，连破魏军三城，大千请降，梁军攻占梁国。接着，元颢在此称魏帝。此时，魏济阴王元晖业率羽林军2万救梁国，进至考城（今河南民权东南），闻梁国已陷，遂屯兵考城不进。考城“四面萦水，守备严固”。陈庆之进至考城后，立即命将士“浮水筑垒”，不久攻下考城，生擒元晖业，获运粮车7800辆。陈庆之乘胜挥师疾进，魏大梁城（今河南开封西北）守军望旗归降。元颢晋封陈庆之为卫将军、徐州刺史、武都公。

魏廷见陈庆之军直指京师洛阳，为保卫京城，乃遣南道大都督杨昱镇守荥阳（今河南荥阳），尚书右仆射尔朱世隆镇守虎牢（今河南荥阳汜水镇），左卫将军尔朱世承镇守崿岅（古镇戍，在洛阳东南），设三道防线，以图阻击梁军。陈庆之率军迅猛西进，围攻荥阳。荥阳城垒险固，守军有 7 万之众，陈庆之军仅有 7 千，而且魏上党王元天穆与骠骑将军尔朱兆已击败邢杲军，率大军还救荥阳。梁军前有坚城，后有大敌，将面临腹背受敌的险境，因而士卒恐慌。陈庆之沉着镇静，解鞍秣马，向全军讲清严峻的形势，并激励将士说："吾至此以来，屠城略地，实为不少，君等杀人父兄，略人子女，亦无算矣；天穆之众，并是仇雄。我等才有七千，虏众三十余万，今日之事，唯有必死乃可得生耳。虏骑多，不可与之野战，当及其未尽至，急攻取其城而据之。诸君勿或狐疑，自取屠脍。"顿时梁军士气高昂，人人争先，相率蚁附登城，两军肉搏战，梁军虽死伤 500 余人，但在敌援军赶到之前，攻破荥阳，活捉杨昱。不久，元天穆、尔朱兆率大军至荥阳，陈庆之亲率骑兵 3000，背城力战，又大破魏军。魏骑将鲁安于阵乞降，天穆、尔朱兆等皆败走，梁军"收荥阳储实，牛马谷帛不可胜计"。这一仗连新兴羯胡酋帅尔朱氏的骑兵，也被梁军击败，表明庆之指挥有方，及其所率梁军作战威力强大。庆之乘士气正盛，连续进攻虎牢、崿岅等地，尔朱世隆闻讯弃城逃跑，尔朱世承被梁军活捉，梁军遂相继占领虎牢、崿岅。于是，魏京都洛阳完全暴露在梁军兵锋之下，魏孝庄帝元子攸从中书舍人高道穆之议，从洛阳北渡黄河，逃往河内郡（今河南沁阳）。魏临淮王元彧，安丰王元延明率魏廷百官封府库，迎元颢入洛阳。五月二十五日，元颢入居洛阳宫，改元建武。晋封陈庆之为侍中、车骑大将军、左光禄大夫，增邑万户。不久，元天穆等魏军又先后攻克大梁、睢阳，并由魏将费穆率兵2万攻虎牢，对洛阳形成威胁。陈庆之又回师进击魏军，天穆畏庆之，率4万之众北渡黄河，费穆攻虎牢将拔，闻天穆军北渡，见庆之来援，慑于梁军威力，遂投降庆之。庆之再次攻下被魏军收复的大梁、睢阳等城。

陈庆之是这次北伐的主将，他利用北魏内乱之机，轻装乘虚径进。北伐军占铚城后，北魏正发大军平青州（今山东益都）邢杲之乱，京师空虚。因此，北伐的战略目标是京师洛阳，梁军选择一条捷径，占领铚城后，直趋梁国，北上考城，西向大梁，兵锋直指洛阳。可见北伐选择的时机和进军路线，都是经过精心策划的。陈庆之智勇双全，善于指挥，能攻善守，常出奇制胜，甚至新兴羯胡酋帅尔朱氏的强大骑兵，也败在他手下，一大批北魏将领被俘或被挫败。作为这次北伐的指挥者陈庆之，“威震中原，声动河塞”。当时梁军悉着白袍，所向披靡，故北方民谣：“名师大将莫自牢，千军万马避白袍。”南朝自刘宋元嘉末年北伐大败以来，在南北战争中，南朝鲜有胜者。陈庆之这次北伐的赫赫战功，不仅创造了南朝战史上的奇迹，而且对南方军民起了极大的鼓舞作用。但由于萧梁君臣昏庸无能，士族政权十分腐朽，未能及时利用梁军北伐胜利的大好形势。

元颢的北归，以及梁武帝派陈庆之护送，本是互相利用。元颢企图借梁军势力在北方立脚，而梁武帝则想乘机扩充统治区域。因此，元颢在进入洛阳后，并无巩固洛阳政权的政策措施。他一方面志得意满，极尽享乐，沉湎酒色，不问政事；另一方面见洛阳百官臣服，利用梁军登上皇帝宝座的目的已经达到，心中渐起异心，遂与安丰王元延明、临淮王元彧等筹划叛梁之计。但由于他当时尚须倚仗陈庆之的兵力，所以表面上不露声色，实际上与萧梁已貌合神离。陈庆之对此有所察觉，也暗中筹划对策。他建议请梁廷增兵，并解放被掠往北方的南人，以扩充军力。元颢恐陈庆之兵多势大，难以控制，不准陈庆之所请。为防止庆之暗中向梁请兵，他又给梁武帝上表陈说增兵之不利。梁武帝垂暮之年，大肆佞佛，荒疏政事，不图进取。他本想利用和控制元颢，不欲增兵北上，见表后竟令各路梁军皆停留边界，不许进入魏境。当时陈庆之所领梁军，在洛阳者不足 1 万，兵力单薄，孤军奋战。庆之军副马佛念指出其功高震主，难为元颢所容，劝他乘机杀掉元颢，据洛阳自图大事。陈庆之不允，认为这样做是对梁廷不忠。他为了摆脱元颢的控制，请求赴徐州（今江苏徐州市）刺史之任，以便处于伺机进退的有利地位。元颢既想依靠而又猜忌庆之，自然不许其请。庆之为人忠厚谨慎，在援军不至，扩军又不被采纳的紧急关头，不敢毅然从洛阳向南撤军，逐渐陷入困窘的局面。

魏孝庄帝元子攸逃出溶阳后，先至河内郡，后又往长子（今山西长子西南）暂住。这时，控制北魏朝政的尔朱荣亲至长子朝见孝庄帝，并统领兵众，聚集军资器仗，护送孝庄帝还洛阳。六月，尔朱荣等率大军，攻占在元颢控制之下的河内郡，杀河内太守元袭和都督宗正珍孙。不久，尔朱荣进至洛阳北面的黄河北岸，与陈庆之所领梁军相峙于黄河一线。当时元颢以陈庆之奇北中城（河阳三城之一，为洛阳外围戍守要地，故址在今河南孟县西），元颢守河桥（黄河浮桥，在今河南孟县西南黄河之上，北中城即在河桥北岸）南岸，安丰王元延明率军缘河据守。尔朱荣军进攻北中城，“三日中十有一战”，均被陈庆之军击退，杀伤魏军甚多。尔朱荣依杨侃之计，征伐木材，扎制木筏。魏军精骑乘夜渡过黄河。元颢之子元冠受领马步军 5000 人前来迎战，尔朱兆等败擒元冠受。缘河据守的元延明逃走，其众溃散。元颢闻此败讯，率左右亲随数百人南逃，至临颍（今河南临颍西北）被县卒杀死。陈庆之知元延明、元颢军溃散，收集部下步骑数千人，结成方阵东还。尔朱荣亲自率精骑追赶。庆之军速退至阳城西（今河南登封南），恰遇嵩高水洪溢，庆之军被水冲没，将士死散殆尽。庆之剃发假扮成僧人，只身从小路经汝阴（今安徽阜阳）逃回江南。洛阳复归魏军占领，梁军此次北伐所克之地，也尽为魏所收复。

从陈庆之孤军北上，到单身逃回，萧梁始终未派一兵一卒，给予增援接应，陈庆之北伐所取得的辉煌战果，遂因孤军奋战而付之东流。

中大通二年（530），梁廷以庆之任都督南司（治今河南安陆）、北司（治今河南信阳市），西豫（治今河南息县）、豫（治今河南寿县）四州诸军事，南北二司州刺史。庆之至镇，向北拓地，围魏豫州治所悬瓠（今河南汝南）。魏颍州刺史（治今河南长葛市）娄起、扬州刺史（治今河南沈丘县）是云宝来援，庆之分兵打援，破魏军于溱水（古水名，注于汝水）。又击败魏豫州刺史尧雄、梁州刺史（治今河南开封市）司马恭。大同二年（536），庆之大败侯景军，获其辎重。

庆之任北兖、北司、南司等州刺史 10 年，这些地区多为梁魏接壤地界，常年征战，人民生计和生产遭受严重损失。庆之为政，务求发展生产，减轻人民的赋役负担。他表省南司州，罢义阳（北司州治所）镇兵，裁减军政冗员，减少政府开支。又“停水陆转运，江湖诸州并得休息”。并开田 6000 顷，2 年之后，仓廪充实。大同二年（536），豫州大饥，庆之“开仓赈给，多所全济”。豫州人民为之树碑颂德。庆之长年操劳萧梁北境军政，积劳成疾，大同五年（539）卒于任上，终年 56 岁。

在庆之从事军政的 16 年，正是萧梁接近衰亡的政治腐败时期（庆之死后仅 9 年即发生侯景之乱）。在天时人事不利的形势下，庆之却以其卓越的军事天才，无论是北伐横扫河洛，或挥师驰骋边陲，均充分显示其驾驭战争的非凡能力，演出了一幕幕威武雄壮的战争场面。

（朱大渭：中国社会科学院荣誉学部委员）

王安石的“三不足”斗争精神*

朱虹

王安石（1021—1086），北宋著名改革家、政治家、教育家和文学家。他生活在北宋开始走向衰落的时期，21岁考中进士步入官场，拥有主政地方近30年，曾两次担任宰相，又两次被罢免的传奇人生。

推行新法15年

王安石因变法而闻名，领导了北宋历史上最大规模的改革运动，史称“王安石变法”。他所处的年代正值中国古代北宋王朝统治的中期，面临着内忧外患、民不聊生的艰难困境和国家“三冗”（冗官、冗兵、冗费）的积贫积弱局面，王安石以“天变不足畏，祖宗不足法，人言不足恤”的“三不足”斗争精神，矢志不移、锐意革新，努力实现其安定天下、富民强国的政治抱负。

王安石从主政鄞县开始进行初步改革尝试，初到地方任职，他不唯上，不空想，基于鄞县地方实际，从与百姓生活密切相关的两大问题——水利和粮食问题入手，遍访乡邻、考察民生、重视教育、兴修水利，立足为老百姓做实事，在此基础上形成县政治理的决策。鄞县之治成了王安石改革的试验田，取得的良好效

* 节选自《学习时报》2019年10月2日。

果极大地激励了王安石。嘉祐三年（1058），王安石写了著名的《上仁宗皇帝言事书》，针对当时弊端，极陈当时之务，阐述自己全面改革的思想与规划，但没被仁宗采纳。治平四年（1067），久慕王安石之名的宋神宗即位。熙宁元年（1068）四月，王安石再次提出全面改革的构想，并勉励神宗效法尧舜，简明法制。熙宁二年（1069）二月，王安石被任命为参知政事，他提出当务之急在于改变风俗、确立法度，提议变法，获神宗赞同，设立主持变法的机构制置三司条例司，颁行新法开始变法，史称“熙宁新法”。

新法以“理财”“整军”为中心，涉及政治、经济、军事、社会、文化各个方面，但主要在两个方面集中发力：一是在经济方面实行均输法、青苗法、市易法、免役法、方田均税法、农田水利法等，主要是在发展生产、均平赋税的基础上，增加财政收入，充裕国库，缓解尖锐的社会矛盾。二是军事方面实行置将法、保甲法、保马法等，主要是为了提高军队战斗力，增强国力，彻底改变西北边防长期以来屡战屡败的被动局面。新法艰难推行15年，取得较好成效。但在推行过程中部分举措不当，地方执行中又出现种种偏差，特别是触动了大地主阶级的根本利益，遭到强烈反对，元丰八年（1085），变法因宋神宗去世而告终。

王安石变法虽然以失败而告终，但从变法中我们看到了他要求改变现实的雄心壮志和治国平天下的雄才伟略。他在变法过程中表现出来的忧国忧民、勇于探索、锐意创新、敢于担当的改革精神，是留给我们的宝贵精神财富。

兴学“三舍法”

王安石一生虽然没有专职任教，但他秉承举才济世的教育理念，从变法的需要出发，顺时应势创办新学，施行了一系列教育改革措施，历史上称为“熙宁兴学”。

一是改革科举考试制度。熙宁四年（1071），颁布改革科举制度，废除了明经科，增加了进士科名额，考试内容为本经、兼经和策论，要求考生联系当前实际参加经义策论的考试，不再录用只会吟诗作赋的人，而是录用懂得经世之术的人，把科举的立足点放在选拔具有经纶济世之志和真才实学的人才上。二是改革教育体制机制。改革太学，创立太学三舍法。把太学分为外舍、内舍、上舍，学生按程度分为三等，使学校不仅承担养士任务，而且具有取士职能，让太学养士与入仕做官直接挂钩，使学校成为选官制度的一个重要组成部分，极大提高了学校教育的地位，使中国古代教育事业向前迈进了一大步。整顿地方学校，恢复和发展州县地方学校。熙宁四年（1071）下令京东、京西、河东、河北、陕西五路设立学校，让有“经术行谊”者任教授，使地方学校有了很大发展。恢复和创设武学、律学和医学等专门学校，以培养专门人才。三是编写统一太学用书。王安石和弟子一道，对《诗经》《尚书》和《周礼》重新注释，编撰《三经新义》作为太学统一用书，使其作为必读教材，并成为科举考试的内容和标准。

王安石的教育改革最特别的地方在于用学校教育取代科举考试为国家养“士”选“仕”。熙宁兴学最大的亮点是王安石设立的三舍法，对北宋教育制度的形成及宋代中后期教育产生了深刻的影响。这些教育改革措施对于当前我们深化教育改革，倡导教育创新，全面实施科教兴国的伟大战略仍具有一定的启示作用。

推动诗文革新

王安石因其才华横溢和韩愈、苏轼等人并称“唐宋八大家”，有《王临川集》《临川集拾遗》《临川先生文集》等作品存世，在北宋文坛上具有崇高的威望。

一是主张文道合一。王安石强调文学的作用首先在于为社会服务，强调文章的现实功能和社会效果，主张文道合一。他的散文贯彻了他的文学主张，揭露时弊、反映社会矛盾，具有较浓厚的政治色彩。他的短文直陈己见，形成了“瘦硬通神”的独特风貌，如《答司马谏议书》，围绕司马光指责新法为侵官、生事、征利、拒谏四事，严加剖驳，表达了要把改革进行到底的坚强意志和坚定决心。二是诗歌自成一体。王安石以其广博的学识、圆熟的语言技巧、自然含蓄而又精巧凝练的风格，自成一家，世称“王荆公体”。其诗歌大致以熙宁九年（1076）第二次罢相为界分为两个阶段，前期创作主要是“不平则鸣”，如《感事》《河北民》《收盐》等诗篇，倾向性十分鲜明，风格直接刻露，表现了他主张革除弊政、关心民生疾苦的进步思想和博大胸怀。后期创作“穷而后工”，致力于追求诗歌艺术，注重炼意和修辞，以丰神远韵的风格在当时诗坛上自成一家。三是创立“荆公新学”。王安石创立荆公新学，主持修撰《三经新义》并作为教材和科举取士标准，颁布到全国各级学校实行，促进宋代疑经变古学风的形成。荆公新学把“道”作为最基本的哲学基础，在社会治理方面强调变革和济世从政的方略、对策，成为王安石日后变法的指导思想和理论基础。

从文学角度总观王安石的作品，无论诗、文、词都有杰出的成就。北宋中期开展的诗文革新运动，在他手中得到了有力推动，对扫除宋初风靡一时的浮华余风作出了贡献。

以人为鉴，可以明得失。当前和今后一个时期，我国发展进入各种风险挑战不断积累甚至集中显露期，各种矛盾错综复杂、利益纠葛千头万绪。在全面深化改革、攻坚克难过程中，我们需要弘扬王安石“三不足”斗争精神，深刻认清改革的历史方位，树立问题意识，强化问题导向，形成改革的共识和合力，敢于斗争，善于斗争，将全面深化改革进行到底。

（朱虹：江西省人大常委会原副主任）

戚继光浙东抗倭述略*

卢如平

戚继光（1528—1588），字元敬，号南塘，晚号孟诸，山东蓬莱人，是我国历史上杰出的军事家，伟大的民族英雄。他南歼倭寇，屡战屡捷，扫平了长期为害的倭寇，保障了东南海疆的安宁；北御鞑靼，固我长城，保卫了北部疆域的安全，促进了汉蒙民族的和平发展。戚继光为保卫国家安全和人民的生命财产安全奋斗了一生，建立了不朽的功勋；所著的《纪效新书》《练兵实纪》等著名的军事著作，丰富了祖国的兵学宝库，为后人留下了宝贵的精神财富；重修的东起山海关西至居庸关长城，成为中华民族的瑰宝。

倭患深重

倭是中国古代对日本的称谓，倭寇则是对 13 世纪至 16 世纪侵扰劫掠中国和朝鲜沿海由日本的武士、浪人、奸商组成的得到日本封建主支持和怂恿的海盗集团的称谓。

其时，浙江东部台州、温州、宁波、绍兴及嘉兴等府，均无一例外地受到倭寇的侵扰。倭寇入侵之后，在烧杀劫掠财物的同

---

* 节选自《台州学院学报》2017 年第 2 期。

时，还大量掠夺老百姓，撤退时则把所劫掠的人口携往其国内，卖为奴隶。台州府则成为倭患的重灾区，辖内临海、黄岩、天台、仙居、太平（今温岭）、宁海六县经常遭到倭寇的蹂躏。

面对凶狠的倭寇，官军既无进攻之勇，又无防守之能，虽然在人数上数倍、数十倍优于倭寇，偶尔也曾取得局部性的胜利，但十战九败，于是倭患越来越严重。嘉靖三十四年（1555）八月，百余倭寇自上虞登岸，深入腹地行程数千里，历时 80 多日，犯绍兴、杭州、严州，窜入南直隶（今江苏、安徽），流劫至南陵，犯江宁镇，一路掠杀，然后进逼南京城，到城下人数只剩 60 余人，当时南京城驻有军队 12 万人，却闭门不敢出战，听任倭寇四处劫掠两昼夜。最后该股倭寇转掠至苏州才被歼灭，但明军累计伤亡竟达 4000 余人。

初露锋芒

在倭患形势十分严峻的情况下，戚继光因在山东备倭有功而调任浙江，嘉靖三十四年（1555）七月，任浙江都司佥书，司屯局事。戚继光随总督胡宗宪参加抗倭，提出了不少好建议，很短的时间就赢得了胡宗宪及其幕僚徐渭（文长）的赏识，嘉靖三十五年（1556）七月，经胡宗宪提议，29 岁的戚继光担任宁绍台参将。

戚继光上任伊始，八月，一股 800 余名的倭寇进犯龙山所（今慈溪东南龙山），参将卢镗、副使许东望等共率 1.4 万名明军抵御。两军相遇于高家楼，倭寇分三路冲过来，明军竟然一触即溃，人数众多的明军四散奔逃，几百个倭寇在后面穷追。在此关键时刻，戚继光登上高石，连发三箭，射杀三路领头的倭酋，才扭转了危险的局面，明军方赶跑了群龙无首的倭寇。九月，又有一股倭寇登陆慈溪，浙江巡抚阮鄂亲督总兵俞大猷等官兵2万余人迎击，明军倚仗兵力上的优势，给这批倭寇以重大杀伤，倭寇见明军势大，且战且走，明军乘胜追击，又取得缙云、桐岭二战胜利。而败逃中的倭寇却敢于在雁门岭设下埋伏，明军被胜利冲昏了头脑，一见中了敌人的埋伏，遭到前后夹击，马上惊慌失措，阵脚大乱，许多士兵根本不听号令，不敢与冲上来的倭寇伏兵交战，纷纷丢下手中的武器四散逃命，军纪根本不起作用。幸亏戚继光和台州知府谭纶各率所部拼命抵抗，从而避免明军惨败的命运。而该股倭寇得以轻松地经由乐清出海，扬帆而去。

在实践中，戚继光认识到“倭非大创尽歼，终不能杜其再至”。而卫所士兵和客兵军纪松弛、战斗力低下，要想“大创尽歼”，就要有一支能征善战的军队。于是就在这年的十一月，起草了《任临观请创立兵营公移》，第一次正式向上司提出了练兵的建议，但并未引起上司的重视。嘉靖三十六年（1557）二月，他再一次提出《练浙兵议》，说：“十室之邑，必有忠信；堂堂全浙，岂无材勇？诚得浙士三千，亲行训练，比及三年，足堪御敌，可省客兵岁费数倍矣。”在浙江巡抚阮鹗的支持下，胡宗宪抱着姑且一试的心态于这年十二月将兵备佥事曹天佑招募的3000名绍兴籍士兵拨给戚继光训练。

嘉靖三十六年（1557）十一月，总督浙直胡宗宪在前两年采取剿扶结合的战略，用计谋离间并消灭了勾结倭寇的汉奸头目徐海、陈东、麻叶等的基础上，诱俘了海盗头子、勾结倭寇的最大汉奸王直，削弱了倭寇的力量，取得了抗倭的一大胜利。王直于嘉靖三十八年（1559）十二月被浙江巡按御史王本固斩于杭州。王直被捕后，其养子王滶（毛海峰）与倭寇头目善妙等率余部近千人盘踞舟山岑港，“列栅舟山，阻岑港而守”。嘉靖三十七年（1558）二月，胡宗宪调集浙江全省的精锐部队2万余，亲自指挥，发起岑港战役，合力围剿海盗和倭寇，戚继光任左路之将。

但事与愿违，倭寇居高临下，居险死守，明军多次发动猛攻，都受挫而返，伤亡惨重，岑港之战陷入了长期胶着状态。同年五月，台州沿海大批新倭登陆，戚继光奉命从岑港回防台州，途中得悉由于台州知府谭纶率军民顽强抵抗，倭寇转犯温州，便率部向温州推进，六战六胜消灭倭寇，尔后率部返回岑港战场。七月，由于岑港久攻不克，总兵俞大猷及戚继光、刘英等将领被撤职，明廷令他们戴罪立功，一个月内攻破岑港。明军别无选择，对岑港展开了夜以继日的进攻。倭寇烧毁大寨，转移到附近的柯梅造船远逃，既而流劫福建。事后，御史李瑚劾参胡宗宪三大罪状，胡宗宪把责任都推到了李瑚的同乡俞大猷身上，俞大猷以“邀击不力，纵寇南逃”的罪名被捕进京，尔后被发配到大同镇军前效力，戴罪立功，卢镗接任总兵，戚继光则因平王直之功而官复原职。

嘉靖三十八年（1559）四月，数千倭寇登陆台州，一股倭寇围攻桃渚城达七昼夜。桃渚是从海上进入台州的咽喉之地，“为卫城府治之藩翰”，故亦是倭寇侵扰的重点，也是台州抗倭的主要战场。戚继光与原台州知府、时任浙江海道副使的谭纶率兵冒着暴雨急行军 300 余里，解桃渚之围。四至五月，连捷于连盘、肯埠、章安、海门、金清、桃渚、昌埠、梅澳、南湾等处，彻底歼灭入侵之倭。五月，在再次解桃渚之围后，进驻桃渚城，看到城池破败，立即动员军民大规模修复城墙。他以军事家的眼光发现东北角和西北角“为薮泽，蔽塞不通”，成了死角。于是用官府空基易价作为费用，在两角创造性地各修筑了一座空心敌台，使桃渚“城上有台，台上有楼，高下深广，相地宜以曲全，悬瞭城外，纤悉莫隐”。空心敌台的修建，大大增强了桃渚城的防御能力，这是戚继光军事实践的一个伟大创举，是中国古代军事建筑学的巨大发展，是军事建筑史和城防史的重大突破，为其晚年大规模建造北方长城空心敌台开启了先河。

创建戚家军

招募义乌兵。自嘉靖三十六年（1557）冬，戚继光接收曹天佑招募的3000名绍兴兵进行训练后，这批士兵在戚继光的训练下，军容相当严整，行动敏捷，而且也打了一些胜仗。但由于许多士兵出身于市井油滑之徒，也存在严重弱点。一是军纪败坏，战时出现取己方伤兵或百姓首级冒充倭首现象，虽经惩治，但滥杀无辜依然时有发生；二是军队骄惰怯懦现象十分严重，士兵畏惧与凶猛的倭寇近身作战，战斗力不强，如攻打岑港之战，这支军队就是攻不上去，为此戚继光受到革职处分。实践证明，一支部队战斗力的强弱，兵员的素质起着重要的作用。他要挑选一批勇敢、剽悍、忠诚的人。而此前，在义乌为争八宝山之矿，发生了一场大规模械斗，械斗的一方是义乌的农民和矿徒，另一方是永康和处州（今丽水）的矿徒、农民和小手工业者，双方均有几千人参加，械斗激烈，死伤惨重。戚继光欣赏义乌人那种同仇敌忾、剽悍勇敢的精神，要是把这种精神引导到抗倭作战上来，可组成一支劲旅，"一旅可当三军"。于是戚继光于嘉靖三十八年（1559）八月再上《练乌伤兵议》，要求罢去所部旧兵，招募新兵。由于戚继光练绍兴兵已见成效，因而胡宗宪很快就予批准。九月，戚继光去义乌募兵，在义乌县令赵大河的密切配合下，戚继光经严格挑选，招募了义乌民间头面人物陈大成、矿工首领王如龙及金科、陈子銮、童子明等4000余名矿工、农民，并报请胡宗宪批准，由素得民心、仁而有勇的赵大河兼任这支新军的监军。是年冬，戚继光带着这支4000名士兵组成的全新部队，进驻台州，在灵江边的武场开始了严格的训练。

整顿卫所，修城造船。嘉靖三十九年（1560）二月，明廷对浙江的海防进行了重新部署，分宁绍台区为二：设宁绍参将和台金严参将，浙江总兵下设杭嘉湖、宁绍、台金严及温处四参将的防守体制。戚继光改任台金严参将，驻节台州。在台州，戚继光从此真正开始了他一生辉煌的军事历程。

台州大捷

嘉靖四十年（1561）四月，倭寇2万余人分乘数百艘船，分头进犯宁海健跳（今属三门），临海桃渚，太平新河、楚门（今属玉环）等十余处，警报频传。

宁海之战。四月十九日，16艘倭船约1000名倭寇从奉化西凤登陆，当晚进至宁海一都团前，蹂躏劫掠。戚继光接报后部署好台州防守，于二十二日晨，率主力2000人赶赴宁海。接敌后，鸳鸯阵首次亮相，仅半个时辰就杀敌数百人，余寇落荒而逃，戚家军无一阵亡。

新河之战。二十二日，倭寇得知戚继光去宁海方向，台州空虚，遂分三路进犯台州。其中一路前后8艘700余人，由周洋港登陆，二十四日抢劫新河所城外各地。时新河城内精壮士兵大都出征，留守者人心惶惶。当时戚继光夫人王氏正住在新河，她挺身而出，命令打开兵器库，发动妇女穿上军装，手执武器，和兵士混杂，登城守卫。倭寇远远望见城头旌旗丛密，兵员充足，不敢攻城，只包围了所城，并在四周抢掠。戚继光接报后命令兵备佥事唐尧臣督胡守仁、楼楠两部驰援新河，临海、太平、黄岩等县乡勇策应。二十六日，倭寇进逼新河城下，戚家军援军赶到，两面夹击，倭寇力不能敌，慌忙逃往城南寺前桥鲍家大院固守，下午四时左右突围，又被明军击败。戚家军乘势围攻，用鸟铳杀伤其百余人。残余倭寇乘黑夜逃往温州方向，胡守仁、张元勋等率兵追击，再次杀伤敌人。是役，消灭倭寇500人，己方阵亡者有姜金等3人。

花街之战。新河战斗时，戚继光已率兵到宁海的梁王铺，得悉在桃渚东北登陆的一支倭寇500余人焚毁船只向内侵犯。戚继光分析倭寇目的是进犯台州府城，而此时府城城墙因暴雨多处倒塌，为建空心敌台又拆毁二十余处，且守城官军已调往他处，守备薄弱，于是戚继光决定驰援府城。戚家军二十二日赴宁海时仅带了3天干粮，军中已经断食，部队决定回府城吃饭，2000人连夜空腹越桐岩岭，驰奔70里，于二十七日午前先敌赶到府城。此时倭寇已突入靖江山下，潜抵花街，距城仅5里。戚继光决定“亟须灭贼，而后会食”。将士勇气倍增，部队迅速列成战斗队形进抵花街，而倭寇前队列成一字阵向戚家军逼来。戚家军先是用鸟铳射敌，而后以鸳鸯阵冲杀，壮士朱珏冲锋在前，先斩领前的倭首，复连刃7贼，倭寇披靡大溃，把抢来的财物丢弃地上，戚家军谁也不顾满地的金银财宝，陈大成、丁邦彦等率兵穷追猛打，全歼这股倭寇，其中生擒贼酋2人，斩首308级，落水死亡者无数。此役还解救了被掳的老百姓5000余人，而戚家军只有哨长陈文清等3人阵亡。

上峰岭之战。四月二十五日，一股2000余倭寇18艘帆船泊健跳所之圻头（今宁海县越溪），二十八日焚舟登岸，犯临海，五月初一进到台州府城东面的大田镇。戚继光率身边的丁邦彦、陈大成等部1500人抵大田岭设伏，两军在大雨中对峙两日。初三日，倭寇见攻取台州难以取胜，沿山路逃往大石方向，戚继光判断其必窜犯仙居，进而劫掠处州（丽水），途中必经上峰岭，而上峰岭南是一狭长山谷，便于伏击。便迅速作了部署，以哨官赵记领所部尾随倭寇，自己率大部队沿大道直奔上峰岭，以逸待劳，每个士兵各执一松枝隐蔽设伏。初五，倭寇单列成一支长队经过上峰岭南侧，远望岭上满山青松，不见有兵，便毫无戒备。等到倭寇过半，戚继光下令攻击，顿时，戚家军抛下松枝，鸟铳齐发，列成鸳鸯阵，居高临下，勇猛冲杀下去，倭寇仓皇应战，大败而退到北面的山下负隅顽抗。戚家军各路掩杀，同时在北山上竖起一面白旗，高喝：“被掳百姓和胁从者投奔此旗避命！”顿时有数百人奔伏。倭寇力不能敌，抢登上界岭，扼险拒守，哨官娄子和率一批勇士斩关直冲，哨官吴惟忠等相继而登，众兵士蜂拥而上。倭寇四处逃命，有的被杀，坠岩而死者不少。残敌连滚带爬逃下界岭山，奔向白水洋，躲进朱家大院。戚家军乘胜追击，把朱家大院团团围住，先以鸟铳射击，后以火药焚烧，残倭或投降或被杀或烧亡。此役戚家军以 1500 人全歼 2000 倭寇，解救被掳百姓 1000 余人，而仅阵亡陈四等 3 人。战斗结束，戚家军班师入台州，城中老小出城 20 里相迎，欢声雷动。

长沙之战。上峰岭战斗后，戚继光又督兵取得楚门、大小藤岭等战斗的胜利。五月十七日，原来宁海团前逃跑的倭寇，又聚集了 3000 多人，联舻数十艘，在长沙（今温岭东南长沙）登陆。他们砍竹伐木，筑垒结巢，把从象山、奉化、宁海等地劫掠的百姓髡首跣足地囚于船上，企图南攻隘顽，北袭太平，掠夺更多的财富和人口。此时，戚继光驻军新河，接报后即周密部署，水陆并进。二十日凌晨，戚家军分三路迅速逼近敌巢，突然发起攻击。倭寇见戚家军突至，惊恐万状，丧失了抵抗能力，纷纷往停船处逃跑。但船只早被戚家军奇兵焚毁，倭寇被逼入海涂，此时恰逢风急浪高，大部分倭寇被巨浪卷走淹毙。戚家军擒斩 56 人，缴获兵器 3240 多件，船只 11 艘，夺回被倭寇抢掠的财物不可胜计，解救被掳百姓 1200 余人。此前，有 300 多倭寇外出抢掠，得知群倭被歼，抱头大哭，遂乘夜驾船十艘出海外逃。但胡震率领的水军早在外海等候，十艘倭船全被犁沉，除 20 余人被擒外，其他或被杀或溺毙，使其“只樯不返，而贼部中之枭雄悉绝”。

四月至五月间，戚家军连续在宁海、新河、花街、上峰岭、楚门、隘顽湾、藤岭、长沙和洋岐等水陆九次大战，均获大捷，使侵犯台州的倭寇遭到毁灭性的打击，并解救了被掳的万余名百姓，而戚家军累计阵亡不到 20 人。九战九捷，史称台州大捷。这前后一个月的战斗打出了戚家军的威风，打掉了倭寇的嚣张气焰。与此同时，浙江总兵卢镗及温处参将牛天锡也率领部队歼灭了进犯宁波、温州等地的倭寇。

九月，胡宗宪上疏，称戚继光“台民共倚为长城，东浙实资其保障”，戚继光实授都指挥使。嘉靖四十一年（1562）四月，又有一股倭寇侵扰台、温，戚家军很轻松地于水涨（今属乐清）、温岭等处水陆七战七捷，彻底消灭倭寇。从此，戚家军的威名传遍东南各省，倭寇亦畏戚家军如猛虎，惧称戚继光为“戚老虎”而不敢再犯浙江，浙江倭患遂平。

（卢如平：临海市人大常委会副主任）

《不怕鬼的故事》序及故事摘编

序（节选）

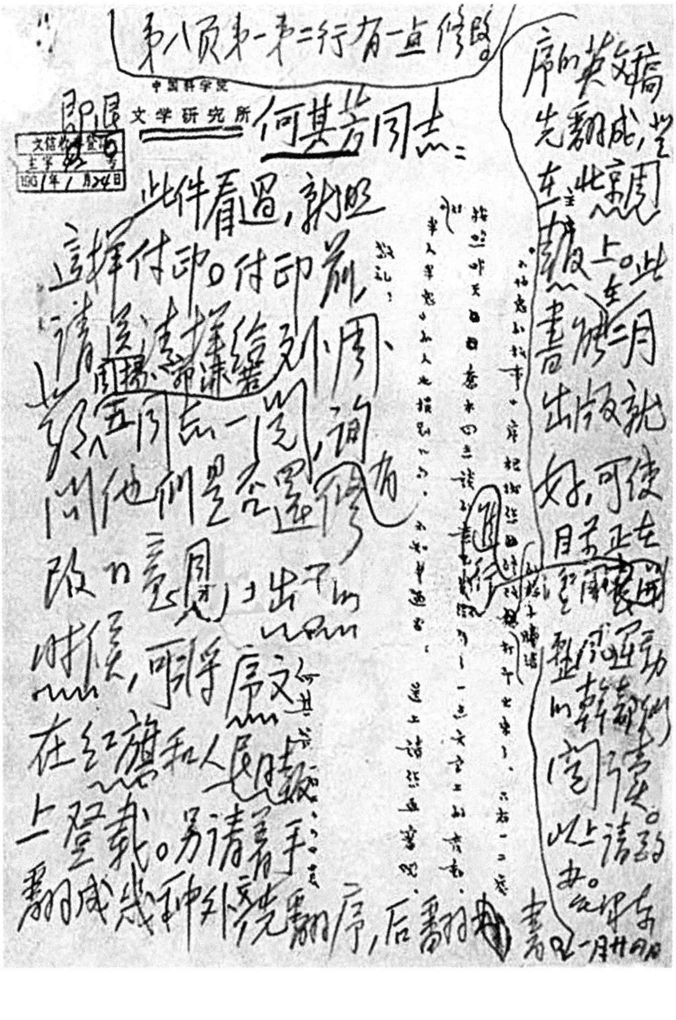
第八页第一第二行有一点修改

中国科学院 文学研究所

何其芳同志：

此件看过，就照这样付印。付印前请送清样给刘、周、邓、周扬、郭沫若五同志一阅，询问他们是否还有修改的意见。出书的时候，可将序文在红旗和人民日报上登载。另请着手翻成几种外文，先翻序，后翻书。

序的英文稿先翻成，登在北京周报上。此书能在二月出版就好，可使目前正在全国进行整风运动的干部们阅读。以上请酌办。

毛泽东
一月廿四日

我国过去的笔记小说的作者，很多都是喜欢谈鬼的。这自然常常是表现了这些作者还未能超脱出关于鬼的迷信。但是他们之中也有这样一些人：他们虽然认为有鬼，却对这种大家以为可怕的鬼表示不敬，认为没有什么可怕，并且描写了一些敢于骂鬼、驱鬼、打鬼、捉鬼的人物。这类故事是很有意义的。它们机智地反映了我国古代人民的大无畏精神。这就是我们编选的这种“不怕鬼的故事”。

我们编这个小册子，目的不在于借这些不怕鬼的故事来说明我国古代的唯物主义的思想。我们主要是想把这些故事当作寓言、当作讽喻性的故事来介绍给读者们。如果心存怯懦，思想不解放，那么人们对于并不存在的鬼神也会害怕。如果觉悟提高，迷信破除，思想解放，那么不但鬼神不可怕，而且帝国主义，反动派，修正主义，一切实际存在的天灾人祸，对于马克思列宁主义者来说，都是不可怕的，都是可以战胜的，都是可以克服的。

我们开始编这个小册子，是在《人民日报》发表了《毛泽东同志论帝国主义和一切反动派都是纸老虎》之后。毛泽东同志说：“一切反动派都是纸老虎。看起来，反动派的样子是可怕的，但是实际上并没有什么了不起的力量。从长远的观点看问题，真正强大的力量不是属于反动派，而是属于人民。”这还是 1946 年他在延安接见美国记者安娜·路易斯·斯特朗时说的话。在这以后，我们打败了美帝国主义支持的蒋介石，建立了中华人民共和国。在抗美援朝战争中，我们又和朝鲜人民一起打败了美帝国主义的侵略军。许多事实证明了毛泽东同志的论断。然而，怎样认识革命力量和反动力量的问题，在中国，在世界范围内，都还是一个大问题，还是有许多人没有得到解决。他们还有迷信。他们还没有解放思想，或者还没有完全解放思想。他们不知道帝国主义和一切反动派在某些时候还显得“强大”和“有力量”，在历史上说只是暂时的现象，只是临时起作用的因素；它们的反人民的性质，它们的已经腐烂和没有前途，却是事物的本质，却是经常起作用的因素。同反动力量相反，革命力量在某些时候还显得不够强大，只是暂时的现象，只是临时起作用的因素；它的进步的性质，它的获得人民的拥护和必然会胜利，却是事物的本质，却是经常起作用的因素。因此，我们完全有理由藐视帝国主义和一切反动派，完全有把握、有信心战胜它们。同纸老虎一样，传说中的鬼的样子也是可怕的，但许多不怕鬼的故事却写出了它实际上并没有什么可怕。这些故事都是这样描写的：人只要不怕鬼，敢于藐视它，敢于打击它，鬼就怕人了。不要怕鬼，这不但可以作我们在战略上藐视帝国主义和一切反动派的比喻，而且还可以扩大这个比喻的内容：对于一切看起来似乎可怕但实际上并没有什么可怕的事物，如果我们不能破除迷信，解放思想，对它们抱有畏惧和顾虑，都可以叫作是"怕鬼"，都是同怕鬼一样可笑的事情。

我们这里选的不怕鬼的故事，都是着重描写人的勇敢，描写他们对于鬼怪无所畏惧，而且敢于打击它们，因之或许更多地表现了战略上藐视的精神。但其中有些故事也是可以用来说明战略上藐视和战术上重视的密切结合的必要的。这个小册子的第一篇，出自《列异传》的《宋定伯捉鬼》，写得很有兴味，也很有意义。你看这个年少时就敢于捉鬼的人，他不但胆大，而且是心细的。他不但夜行遇鬼，毫不畏惧，精神上完全处于主动的地位，而且善于根据具体情况采取适当的办法，使他遇到的鬼从头到尾都在他的掌握之中。最初，鬼问他是谁，他就麻痹它，说"我亦鬼"。鬼建议两人轮流背着走。鬼发现他太重，疑惑他不是鬼。他又一次地麻痹它说："我新鬼，故身重耳。"他们过河，鬼涉水无声，他却有声。鬼又怀疑了，问他"何以作声？"他第三次麻痹它："新死，不习渡水故耳。勿怪吾也。"他不但一直使鬼为假象所迷惑，而且还从它的口中探听出来了制服鬼的办法。他说他是新鬼，不知道鬼畏忌什么。鬼告诉他："唯不喜人唾。"后来鬼变成了羊，他就用唾沫唾它，使它不能再变化逃走。这个鬼就是这样终于为他所捕获了。这个故事不正是表现了这个捉鬼的人不但在整个精神上藐视鬼，而且在具体对待它的时候又很谨慎、很有智谋吗？

早在四十一年以前，当中国还是魔鬼当道、魑魅横行的时候，毛泽东同志所主办的《湘江评论》创刊号就向中国人民发出号召："什么不要怕？天不要怕，鬼不要怕，死人不要怕，官僚不要怕，军阀不要怕，资本家不要怕。"这是何等振奋人心的大无畏精神！一切马克思主义者，一切以改造世界为己任的革命人民，都应该具有这种崇高的风格和革命的气魄，彻底破除迷信，解放思想，做一个天不怕地不怕的硬汉，做一个既有冲天干劲又有科学分析精神的智勇双全的人！

故事摘编

（1）宋定伯捉鬼

南阳宋定伯，年少时，夜行逢鬼。问之，鬼言："我是鬼。"鬼问："汝复谁？"定伯诳之，言："我亦鬼。"鬼问："欲至何所？"答曰："欲至宛市。"鬼言："我亦欲至宛市。"遂行。

数里，鬼言："步行太亟，可共递相担，何如？"定伯曰："大善。"鬼便先担定伯数里。鬼言："卿太重，将非鬼也？"定伯言："我新鬼，故身重耳。"定伯因复担鬼，鬼略无重。如是再三。定伯复言："我新鬼，不知有何所畏忌？"鬼答言："唯不喜人唾。"于是共行。道遇水，定伯令鬼先渡，听之，了然无声音。定伯自渡，漕漼作声。鬼复言："何以作声？"定伯曰："新死，不习渡水故耳，勿怪吾也。"

行欲至宛市，定伯便担鬼著肩上，急持之。鬼大呼，声咋咋然，索下，不复听之。径至宛市中下著地，化为一羊，便卖之恐其变化，唾之。得钱千五百，乃去。于时石崇言："定伯卖鬼，得钱千五百文。"

【译文】

南阳地方的宋定伯年轻的时候，（有一天）夜里走路遇见了鬼，问道："谁？"鬼说："我是鬼。"鬼问道："你又是谁？"宋定伯欺骗他说："我也是鬼。"鬼问道："你要到什么地方去？"宋定伯回答说："要到宛市。"鬼说："我也要到宛市。"他们一同走了几里路。鬼说："步行太劳累，可以轮流相互背负。"宋定伯说："很好。"鬼就先背宋定伯走了几里路。鬼说："你太重了，恐怕不是鬼吧？"宋定伯说："我刚死，所以身体比较重。"轮到宋定伯背鬼，这个鬼几乎没有重量。他们像这样轮着背了好几次。

宋定伯又说："我是新鬼，不知道鬼害怕什么？"鬼回答说："只是不喜欢人的唾沫。"于是一起走。在路上遇到了河水，宋定伯让鬼先渡过去，听着它一点声音也没有。宋定伯自己渡过去，水哗啦啦地发出声响。鬼又说："为什么有声音？"宋定伯说："我刚刚死不久，是不熟悉渡水的缘故罢了，不要见怪。"一路上，快到宛市，宋定伯便把鬼背在肩上，紧紧地抓住它。鬼大声惊叫，恳求放他下来，宋定伯不再听他的话。宋定伯把鬼一直背到宛市中，才将鬼放下在地上，鬼变成了一只羊，宋定伯就卖了它。宋定伯担心它再有变化，就朝鬼身上吐唾沫。卖掉得到一千五百文钱，于是离开了宛县的集市。当时石崇说过这样的话："宋定伯卖鬼，得到了一千五百文钱。"

（2）阮德如

阮德如，尝见一鬼，长丈余，色黑而眼大，著白单衣，平上帻，去之咫尺。德如心安气定，徐笑而谓之曰："人言鬼可憎，果然。"鬼赧而退。

【译文】

阮德如曾看见一个鬼，一丈多高，浑身漆黑眼睛很大，穿着白单衣，戴着个头巾，离他只有一尺多远。阮德如平心静气，笑道："都说鬼面目可恨，果然是这样。"那鬼一听，羞愧地逃掉了。

（3）张德缚鬼

封丘县南赤冈店，夜辄有怪，常称"带取老婆去"。行人恐惧不敢过。递铺张德承受急递，不敢迂延。夜深一姥自草中出，曰："带取老婆去。"德素有胆，厉声曰："我带你去，可上我背。"姥欣然前就，德捉其两足，绳缚于腰间。行数里，姥却云："放下。"德不应，姥求哀不已，既而言甚低，身亦轻。到前铺，举视之，但缚古烂棺板一片，焚之，臭闻数里，啾啾有声，其怪遂绝。

【译文】

河南封丘县赤岗店，听说这地方每晚有鬼出没，还经常说着"带老婆子过去"，一般老百姓都不敢行走。张德因要送急件，也不管那么多了，壮着胆走夜路。行走间，忽听到一老太婆呼叫："带老婆子过去！"张德平素颇有胆量，他大声回答说："我带你走，上我背上吧！"老太婆真的上张德的背上，张德捉住她两只脚，用绳子捆绑在自己的腰间。走了一段路，老婆子说："将我放下。"张德不答理她，继续走。老婆子受不了，哀求不已，张德亦不理，继续快步向前，越走越轻松。到了前面的驿站一看，背上背着的只是一块烂棺材板而已。张德将棺材板拿去焚烧，臭气熏天。此后这村子再没有鬼怪出现。

（4）萧正人

琅邪太守许诚言，尝言，幼时与中外兄弟，夜中言及鬼神。其中雄猛者，或言："吾不信邪，何处有鬼？"言未终，前檐头鬼忽垂下二胫，胫甚壮大，黑毛且长，足履于地。言者走匿。内弟萧正人，沉静少言，独不惧，直抱鬼胫，以解衣束之甚急。鬼拳胫至檐，正人束之，不得升，复下，如此数四。既无救者，正人放之，鬼遂灭。而正人无他。

【译文】

琅邪太守许诚言，曾经说他小的时候，和家里外面的兄弟在一起，夜里说到鬼神。他们当中有些勇敢的人，就说："我才不信呢，哪里有鬼？"没等说完，房檐头有个鬼忽然垂下两条腿，腿很粗大，黑毛也很长，脚踩在地上。刚才说话的人吓得逃掉躲藏起来。许诚言的内弟萧正人，沉静寡语，单单不怕鬼。径直抱住鬼的腿，然后脱下衣服急忙把鬼捆上。鬼想抬起腿到屋檐上，因为腿被萧正人捆住了，上不去。只好又下来，像这样折腾了几次，当时没有相救的人，萧正人只好放了，鬼就逃脱消失了。而萧正人也没有得到什么灾祸。

（5）姜潜

致知先生姜潜，兖之奉符人。居县中，其读书处相去百里。每欲归省其父，随意即登途，不问朝暮。一日夜半，乘马行，佩弓矢于腰。一童前导，睹林薄间灯烛荧煌，悚怖不敢进。姜曰："不过是鬼耳，何足畏哉！"驶马迫视，乃十数人披发席地赌钱。即引弓一发，旋即惊散，不知所之。见叠钱凡数百贯在地，知其纸镪也，挥鞭划之，碎为灰炮。

【译文】

致知先生姜潜，奉符人。在县中居住，他读书的地方与此相距百里。每次要回去探望他的父亲，随意上路，不管早晚。有一天半夜，姜潜骑马前行，在腰侧佩带弓箭。一个小童在前面引路，看到丛林间灯烛荧煌，恐惧害怕不敢前进。姜潜说："不过是鬼罢了，有什么值得畏惧的呢！"他骑马靠近察看，原来是十几人披散着头发赌钱。姜潜拉弓射了一箭，那些人随即惊散，不知道跑到哪里去了。他看见地上有一百贯钱，知道这是纸钱，挥鞭抽之，就化为灰烬了。

一脉相承

马克思恩格斯斗争精神的基本内涵*

李喆

习近平总书记在纪念马克思诞辰200周年大会上指出："马克思的一生，是为推翻旧世界、建立新世界而不息战斗的一生。恩格斯说，'马克思首先是一个革命家'，'斗争是他的生命要素。很少有人像他那样满腔热情、坚韧不拔和卓有成效地进行斗争'。"马克思主义的产生和发展充满着艰辛的斗争，马克思和恩格斯的一生是为全人类解放而不懈斗争的一生，其著作中留下了大量且宝贵的斗争精神，挖掘和分析马克思恩格斯斗争精神，是指导新时代开展伟大斗争的重要法宝，是增强共产党人斗争本领的科学指南，是共产党人开展斗争实践的行动纲领。

马克思恩格斯所提及的"斗争"主要是指"阶级斗争"，是为了实现全人类解放的"斗争"。在《法兰西内战》中，马克思将谋求解放的"斗争"视作一个长期的历史过程。"为了谋求自己的解放，并同时创造出现代社会在本身经济因素作用下不可遏止地向其趋归的那种更高形式，他们必须经过长期的斗争，必须经过一系列将把环境和人都加以改造的历史过程。"马克思恩格斯同样指出，"一切历史冲突都根源于生产力和交往形式之间的矛盾"，并且这种矛盾"每一次都不免要爆发为革命"，"劳动阶级解放的条件就是要消灭一切阶级"。因此，"斗争"是因矛盾而来，解决矛

* 节选自《中共南昌市委党校学报》2020年第5期，原文题为《论马克思恩格斯斗争精神的基本内涵和现实意义》。

盾就避免不了革命斗争，并且阶级斗争最终是要消灭一切阶级，要进行彻底的斗争和革命。这一系列的论述和之前探讨的“斗争”概念的界定较为吻合。马克思主义因其科学性、实践性、发展性而一直成为指导我国社会主义事业不断向前发展的科学行动指南，所以，马克思恩格斯的斗争精神内涵不仅仅是“斗争”概念界定中所提及的部分，在斗争内容、形式、特点、实践导向等方面具有丰富的内涵。

一、斗争内容：与一切错误思潮和为全人类的解放斗争

批判错误思潮一直是马克思恩格斯一生在进行的斗争内容。从批判以黑格尔、费尔巴哈为代表的德国古典哲学，到批判以亚当·斯密和大卫·李嘉图为代表的资产阶级经济学家，再到批判以蒲鲁东主义、工联主义、巴枯宁主义等代表的小资产阶级社会主义，这一系列的批判都是马克思恩格斯与错误思潮不懈斗争的过程。另一个斗争内容就是17岁的马克思在1835年高中毕业作文《青年在选择职业时的考虑》中提及的为人类解放而工作，为人类解放的崇高理想而奋斗。马克思恩格斯用尽一生，不断与错误思潮、私有制、资产阶级等阻碍全人类解放的枷锁作斗争，创立了科学的马克思主义，指导当下马克思主义者为了实现全人类的解放而继续斗争。

二、斗争形式：批判、揭露、革命

马克思恩格斯的斗争是立足于劳资矛盾日益激化的社会背景，有的放矢地批判错误思潮，深入挖掘其根本症结，揭露其本质，

在理性批判中实现理论的构建和创新，并用科学的理论指导斗争实践，最终通过彻底革命、消灭私有制、消灭剥削的手段来实现全人类的解放。马克思恩格斯在批判青年黑格尔派中揭露了青年黑格尔派的斗争实际上是同“观念、思想、概念”等“意识的这些幻想进行斗争”，从未超出黑格尔的绝对精神体系，理论脱离实际的本质特征，并在此基础上完善历史唯物主义，进而创立了唯物主义史观。马克思恩格斯在对政治经济学的批判中揭露了资本主义制度的本质，发现了剩余价值理论，从生产力和交往方式的矛盾运动中揭示了人类历史发展的一般规律，并指出，“问题不在于改变私有制，而只在于消灭私有制，不在于掩盖阶级对立，而在于消灭阶级，不在于改良现存社会，而在于建立新社会”。马克思恩格斯在批判拉萨尔主义、巴枯宁无政府主义中揭露了巴枯宁主义者分裂主义的真面目，在实际的斗争实践中丰富了马克思主义理论，逐步获得并巩固其在工人运动中的指导地位，为后续科学社会主义的提出奠定基础。因此，马克思恩格斯的斗争是在批判中揭露本质，在科学彻底的理论指导下开展斗争实践，批判、揭露、革命是马克思恩格斯的斗争形式。

三、斗争特点：历史继承性、持续复杂性、实践导向性

根据对马克思恩格斯斗争精神的分析，总结归纳出斗争的三个特点。一是历史继承性。马克思认为：“人们自己创造自己的历史，但是他们并不是随心所欲地创造，并不是在他们自己选定的条件下创造，而是在直接碰到的、既定的、从过去承继下来的条件下创造。”斗争亦是如此。它是在一定的历史条件下发生的，以一定的物质基础为前提，并且依托于当下的社会历史背景展开。斗争的观念、形式、内容、对象等都是对过去的继承和与当下时

代的结合。二是持续复杂性。马克思在《德意志意识形态》中指出，“一切历史冲突都根源于生产力和交往形式之间的矛盾”，“这种矛盾的连续产生和同时解决正好就是运动”。斗争是历史的必然选择，是推动人类历史发展的动力，而矛盾就是一切斗争的动因。随着生产力和交往形式的不断变化，矛盾也在发生变化，斗争也随之而变化，任何时代、任何社会制度都将面临不同的矛盾，斗争形式、内容、对象都将随着矛盾的运动变化呈现不同的方式特点，具有复杂、隐蔽、不可知的特征。同时，在未达到人的全面自由发展之前，生产力和交往形式之间的矛盾就会一直存在，斗争也将随之持续运动。三是实践导向性。马克思指出，“对于这个世俗基础本身首先应当从它的矛盾中去理解，然后用排除矛盾的方法在实践中使之发生革命”。一切斗争的理论都源于对矛盾的深刻剖析，而斗争的理论成为武器的唯一方法就是在消除矛盾的实践中运用，即矛盾的消除必须通过斗争实践。此外，斗争的理论也需要在斗争实践中得到完善和补充，所以斗争具有很强的实践导向性。

四、斗争策略：四个相结合

马克思恩格斯斗争精神的最宝贵的财富就是为马克思主义政党在今后的斗争中提供了无产阶级革命斗争策略。斗争应遵循以下四个原则：

一是坚持弄清本质与理性批判相结合。马克思认为：“批判的武器当然不能代替武器的批判，物质力量只能用物质力量来摧毁；但是理论一经掌握群众，也会变成物质力量。理论只要说服人，就能掌握群众；而理论只要彻底，就能说服人。所谓彻底，就是抓住事物的根本。”矛盾是斗争的动因已经在之前探讨过了，进行斗争实践的前提就是要厘清矛盾，要抓住矛盾的根本。马克思恩格斯抓住矛盾根本的方法就是批判，运用马克思主义世界观和方法论展开深层次的批判，彻底地抓住矛盾的根本，找到问题的关键，再制定斗争策略展开斗争实践。

二是坚持党的领导与团结群众相结合。恩格斯在《法兰西内战导言》中从经济、政治、社会等方面对蒲鲁东主义和布朗基主义进行了深刻剖析，指出无产阶级革命斗争必须要有马克思主义政党及其科学理论的指导才能取得彻底的胜利。马克思在多部著作中也明确指出，无产阶级革命斗争必须将全世界的无产阶级联合起来才能取得最终的胜利。坚持马克思主义政党的领导，团结一切可以团结的力量是马克思恩格斯斗争精神的核心要义。

三是坚持物质保障与精神保障相结合。马克思认为："共产主义只有作为占统治地位的各民族'一下子'同时发生的行动，在经验上才是可能的，而这是以生产力的普遍发展和与此相联系的世界交往为前提的。"生产力的普遍发展是无产阶级革命斗争取得胜利的物质前提，这是共产主义实现不可或缺的条件之一。此外，马克思恩格斯的斗争史也给马克思主义政党提供了斗争实践的范本，马克思恩格斯一生为了全人类的解放而奋斗，其顽强的斗志、超脱自我的奉献、不畏艰难的毅力、勇于追求真理的决心都是一笔笔宝贵的精神财富，也是指引马克思主义政党勇于斗争、敢于斗争、善于斗争的精神保障。

四是坚持斗争实践与总结反思相结合。《1848 年至 1850 年法兰西阶级斗争》《法兰西斗争》《共产党宣言》等一系列著作都是在科学总结无产阶级革命斗争经验的基础上，进一步阐明无产阶级革命斗争的理论和策略，为无产阶级革命斗争取得胜利奠定理论基础。而且理论源于一次次的斗争实践，理论来源于实践，并指导实践，在实践中完善发展，在斗争的某些关键阶段善于总结反思，是开展下一次斗争实践的前提和基础，也是斗争取得胜利的法宝之一。

（李喆：赣南师范大学讲师、团委组织部副部长）

为了进行斗争，我们必须把我们的一切力量拧成一股绳，并使这些力量集中在同一个攻击点上。

——恩格斯:《致卡·特尔察吉》(1872 年 1 月 14—15 日)

坚持列宁主义的斗争精神*

刘书林

一、列宁主义的斗争精神

列宁领导俄国无产阶级政党和人民经过斗争取得了辉煌的成就，开辟了人类历史新纪元，这是历史的事实。只要尊重历史事实，我们就能够得出一个明确的结论：列宁对于人类社会的巨大贡献，都是通过与形形色色的机会主义进行斗争得来的。列宁通过与机会主义的斗争，完成了在思想上和组织上建党的任务，确立了马克思主义基本理论的指导，强调无产阶级政党要讲政治，这样才能成为一个立足于自为、自觉的无产阶级基础上的党。列宁通过与机会主义的斗争，坚持把俄国社会民主工党建设成一个具有组织严密、纪律严密、建立在民主集中制基础上的党。列宁通过与第二国际修正主义和机会主义的斗争，揭露了第二国际修正主义背叛无产阶级根本利益、倒向帝国主义的战争政策，保持了俄国社会民主工党等左派政党的作用，促使第二国际修正主义和机会主义的破产，坚持了马克思主义的路线。列宁通过与国内

---

* 节选自《马克思主义研究》2020 年第 3 期，原文题为《坚持列宁主义的斗争精神推进中华民族伟大复兴——访清华大学马克思主义学院刘书林教授》。原文为对话形式，二级标题为编者拟。

外机会主义的斗争，继承和发展了马克思主义阶级斗争和无产阶级专政的学说，指出了帝国主义是资本主义发展的最高阶段，分析了沙皇俄国军事封建帝国主义的特点及其处于帝国主义薄弱环节的地位，以伟大的科学性和历史主动性领导了俄国十月社会主义革命，创立了世界上第一个社会主义国家，开辟了人类历史的新纪元。列宁通过与国内外机会主义思潮的斗争，领导建立和捍卫了世界上第一个社会主义国家，赢得了党和国家社会主义事业的伟大胜利。列宁的一生是坚持在斗争中发展马克思主义、创建无产阶级政党、夺取十月革命胜利、捍卫无产阶级专政的一生，是为苏维埃俄国、苏联人民和世界人民谋幸福的一生。

二、在斗争中推进无产阶级政党的建设

列宁一生与机会主义的斗争首先表现在无产阶级政党的思想建设方面。列宁从事革命活动的初期，正是国际上机会主义、修正主义思潮泛滥的时期。在这种情况下，列宁为把俄国的无产阶级政党建设成一个坚强的战斗堡垒，与机会主义和修正主义进行了坚决的斗争。

1898 年 3 月，俄国社会民主工党在明斯克召开第一次代表大会，发表了宣言，但是各马克思主义小组和团体还没有形成联合一体的党，也没有制定党纲、党章。随着党的领袖陆续被捕，党的活动几乎处于停滞状态。1899 年，党内的“经济派”开始活跃起来，公开反对革命马克思主义，并要求放弃建立无产阶级独立政党的工作和工人独立的政治要求。“‘经济派’认为政治斗争是自由资产阶级的事情，而工人阶级只要进行反对厂主的经济斗争就行了。”当时被流放到西伯利亚的列宁一看到这些言论，就开始与之进行斗争，并立即召集 17 位同志联合发出了对“经济派”宣

言的抗议书。

随着俄国国内工人运动开始高涨，“经济派”更加活跃。“经济派”的以下主张严重危害着党的思想建设：第一，反对沙皇制度的政治斗争是资产阶级的事情，这对于工人阶级是无关紧要的。工人阶级的主要利益需要进行反对厂主的经济斗争，以增加工资，改良劳动条件。第二，工人阶级的政党不应该干预工人阶级自发的运动，应该跟在工人运动后面吸取教训。第三，社会民主工党不应该向工人阶级灌输社会主义意识，而应该等待工人阶级自发产生社会主义意识。第四，引用马克思的“一步实际行动比一打纲领更重要”，拒绝宣传马克思主义理论。第五，借口批评“教条主义”和“思想僵化”，排斥马克思主义；借口宣扬“批评自由”，“拒绝革命、拒绝社会主义、拒绝无产阶级专政”，鼓吹批评和“修正”马克思主义指导地位的“合理性”。

列宁认为，“经济派”是当时国际上流行的伯恩施坦修正主义在俄国的变种，其企图是把工人运动引入工联主义和改良主义的轨道。1902 年 3 月，列宁写下了《怎么办？》一书。该书成为无产阶级政党思想建设的纲领性文献，系统地提出了党的思想建设的重要观点。

第一，工人阶级不可能自发地产生科学社会主义思想，科学社会主义的思想只能从外面灌输进去。列宁指出：“阶级政治意识只能从外面灌输给工人，即只能从经济斗争外面，从工人同厂主的关系范围外面灌输给工人。”

第二，向广大工人群众灌输科学社会主义思想，是革命知识分子的神圣使命。列宁认为：革命的知识分子和无产阶级政党的先进分子只有把科学社会主义学说灌输到工人阶级群众中去，“力求把罢工斗争同反专制制度的革命运动结合起来”，才能推动工人运动的深入发展。

第三，在理论混乱的年代，在工人运动高涨、迫切需要科学社会主义思想指导的时候，片面援引马克思说过的“一步实际运动比一打纲领更重要”太不合时宜了。列宁指出，“没有革命的理论，就不会有革命的运动”，“只有以先进理论为指南的党，才能实现先进战士的作用”。

第四，资产阶级思想的优势使得工人阶级不得不坚持科学社会主义理论的灌输，不进则退。“原因很简单：资产阶级意识形态的渊源比社会主义意识形态久远得多，它经过了更加全面的加工，它拥有的传播工具也多得不能相比。所以某一个国家中的社会主义运动越年轻，也就应当越积极地同一切巩固非社会主义意识形态的企图作斗争……”

第五，必须超越经济斗争的局限性，突出政治教育，发展工人阶级的政治意识。“经济派”企图从马克思恩格斯重视工人阶级经济利益的观点得出经济斗争具有“首要”意义的结论，列宁揭露了这一错误：“根据经济利益起决定作用这一点，决不应当做出经济斗争（等于工会斗争）具有首要意义的结论，因为总的说来，各阶级最重大的、‘决定性的’利益只有通过根本的政治改造来满足，具体说来，无产阶级的基本经济利益只能通过无产阶级专政代替资产阶级专政的政治革命来满足。”

在党的组织建设方面，列宁同机会主义进行了艰苦卓绝的斗争，保证了布尔什维克党组织建设的正确方向。习近平总书记在《求是》2019年第19期发表文章，讲到列宁在党的第二次代表大会上与马尔托夫的机会主义进行斗争的情况：“1903年，在俄国社会民主工党第二次代表大会上，列宁和马尔托夫针对党的组织问题产生了意见分歧。马尔托夫主张实行‘自治制’，认为党员可以不参加党的组织，这实际上是想建立一个‘党员俱乐部’。列宁则主张党员必须参加党的组织，并按照地方服从中央、下级服从上级、少数服从多数的原则来建党。对此，孟什维克攻击列宁是实行‘专制主义’作风。1904年，列宁在《进一步，退两步》中指出，组织上的机会主义‘就是力图削弱知识分子对于无产阶级政党的责任，削弱中央机关的影响，加强党内最不坚定分子的自治’。列宁认为，党应该具有严密的组织、统一的意志和行动，只有按照集中制原则建立起来的党才是一个‘真正钢铁般的组织’。无产阶级之所以不可战胜就是‘因为它根据马克思主义原则形成的思想一致是用组织的物质统一来巩固的’。1920年，列宁提出‘无产阶级实现无条件的集中和极严格的纪律，是战胜资产阶级的基本条件之一’。”

列宁的《进一步，退两步》捍卫了党性，捍卫了党，粉碎了孟什维克机会主义，奠定了布尔什维克党的组织基础。列宁在马克思主义政党发展史上第一次阐明了关于党的组织学说，阐明了党是无产阶级的领导组织，是无产阶级手中的基本武器，没有这个武器，便无法在为无产阶级专政而进行的斗争中获得胜利。

三、在斗争中开辟和捍卫十月革命的道路

第一次世界大战期间，摆在无产阶级政党面前的一个迫切的理论与实践问题就是：当一个帝国主义国家的革命时机已经成熟，这个国家的无产阶级政党是应该领导无产阶级进行革命、夺取社会主义革命的胜利，还是等待其他国家革命时机的成熟、同时进行革命？

根据19世纪中叶自由资本主义阶段的历史状况，马克思恩格斯提出了社会主义革命不可能在一个国家内实现，而是将在一切文明国家、至少在几个资本主义发达国家同时发生。但是到了帝国主义时代，经济政治发展不平衡规律导致老牌的与后起的资本主义国家发动重新瓜分世界的战争，相互削弱，帝国主义链条上出现薄弱环节，无产阶级政党力量强大的国家就有可能突破帝国主

义的阵线，首先取得社会主义革命的胜利。然而，第二国际的伯恩施坦、考茨基和俄国国内的托洛茨基等机会主义者却抓住马克思恩格斯曾经讲过的“革命同时发生”论不放，断言社会主义革命不能在一国首先胜利，借此掩饰自己恐惧革命风暴、反对无产阶级革命的本质。

列宁批判了机会主义反对进行社会主义革命的思想，提出“一国首先胜利”论，指明了无产阶级革命的方向。1915 年，列宁在《论欧洲联邦口号》一文中明确表述了这一思想：“经济政治发展的不平衡是资本主义的绝对规律。由此就应得出结论：社会主义可能首先在少数甚至在单独一个资本主义国家内获得胜利。”“一国首先胜利”论是十月革命前一个重要的创新成果，在理论和实践上回答了当时突出的时代课题。

（一）与帝国主义和右翼社会民主主义的斗争

一方面，参加帝国主义协约国集团的国家反对俄国退出战争，反对俄国国内发生革命变革，因此对十月革命进行了“围剿”。1917 年 11 月 28 日，英法意日美五国就通过了武装干涉苏维埃俄国的决定。1918 年 7 月，协约国正式通过决议，以“重建东线、解放俄国”为口号，对苏维埃俄国革命进行武装干涉。英法美三国军队分别在俄国北方两处登陆，日本在海参崴登陆，所到之处大肆屠杀；几个帝国主义国家还向俄国南部的邓尼金白卫军提供援助，攻城略地，杀害布尔什维克，对苏维埃国家造成极大危害。列宁领导的布尔什维克党与帝国主义侵略势力坚决斗争，战胜了帝国主义的联合“围剿”，充分表明十月革命的胜利实际上是社会主义对帝国主义的胜利。

另一方面，右翼社会民主主义势力在思想上对十月革命的攻击和破坏也是十分激烈的。他们认为，社会主义革命首先应当在工业比较发达的国家开始，然后才能转到俄国；俄国还没有成熟到实现社会主义革命的程度。有人还否认社会主义革命在俄国一国获得胜利的可能，主张从日程上取消社会主义革命。

在1917年5月3日的危机中，临时政府调动的军队已经开始拒绝执行命令，拒绝开枪射击游行示威的群众。在革命形势日益成熟的时候，孟什维克和社会革命党人却宁愿加入被革命人民唾弃的临时政府，指责布尔什维克是在搞暴力革命的“阴谋”，这就留下了迄今为止的机会主义者指责十月革命的传统说教。在1917年的七月事件中，参加临时政府的孟什维克和社会革命党人竟然对示威群众开枪射击，公开站在革命群众的对立面。他们甚至调动军队，大肆逮捕布尔什维克，下令通缉列宁。1917年7月26日至8月3日，布尔什维克党的第六次代表大会在彼得格勒秘密召开，157名代表与会。由于处在被临时政府通缉状态，列宁没有与会，他通过斯大林、斯维尔德洛夫、莫洛托夫、奥尔忠尼启等人领导了大会。“第六次代表大会在其一切决议中，特别着重强调了列宁认定无产阶级和贫苦农民联盟是社会主义革命胜利条件的原理。”

随着十月革命时机的日益成熟，1917年9月25日、27日，列宁给布尔什维克党中央写了两封信:《布尔什维克必须夺取政权》《马克思主义和起义》，指出武装起义的形势已经成熟，必须把武装起义提上日程，拟订武装起义的整个计划。在历史的重大关头，机会主义者反对列宁的主张，叫嚣要立即毁掉列宁的信。列宁指出:“既然这些条件已经具备，那么不愿像对待艺术那样对待起义，就是背叛马克思主义，背叛革命。”列宁不但在思想上批判了机会主义对起义的干扰，而且在行动上毫不犹豫。历史的革命洪流不可抗拒，十月革命终于在1917年11月6日深夜至7日付诸实践，俄国首都彼得格勒被布尔什维克起义者全部占领。革命迅速向全国展开。随着11月7日晚全俄工农代表苏维埃第二次代表大会开幕，世界上第一个无产阶级专政的国家政权苏维埃政府成立，列宁当选为人民委员会主席，十月革命开辟了人民解放的新纪元。

（二）意识形态领域的斗争

列宁领导俄国十月革命取得胜利，第一个社会主义国家打破了资本主义一统天下的局面，对整个资本主义世界造成极大的冲击和震荡。帝国主义国家不仅动员一切政治和军事力量对苏维埃俄国进行武装干涉，而且在意识形态领域发动全面进攻。列宁和布尔什维克党坚决斗争，在意识形态领域击破了来自两个方面的严峻挑战。

第一，击败了破产的第二国际右翼政党社会民主主义和修正主义的挑战。破产后的第二国际的机会主义者扮演了攻击布尔什维克党和苏维埃俄国社会主义国家政权的急先锋。1918 年，考茨基出版了《无产阶级专政》一书，宣扬所谓“纯粹民主”，恶毒地攻击和诋毁苏维埃俄国的无产阶级专政。1919 年，考茨基又出版了《恐怖主义和共产主义》一书，污蔑说苏维埃俄国实行“恐怖统治”，“放弃了马克思主义体系”。比利时工党领袖艾·王德威尔德也出版《社会主义反对国家》一书，反对列宁关于打碎资产阶级国家机器和建立苏维埃无产阶级专政的必要性。国内的孟什维克和社会革命党人同第二国际修正主义者遥相呼应，通过《永远前进报》《人民事业报》等报刊大肆煽动反对苏维埃俄国政权，以配合帝国主义对苏维埃俄国的武装干涉。1922 年，孟什维克分子苏汉诺夫发表以《革命札记》为名的系列文章，说俄国生产力还没有发展到足以实现社会主义的水平，污蔑列宁领导的俄国社会主义革命是“早产儿”，违背了社会发展的规律。这些国内外舆论带有否定、污蔑和颠覆苏维埃俄国政权的性质。

面对第二国际修正主义者和国内孟什维克、社会革命党人在意识形态领域的进攻，列宁进行了有力的回击。针对考茨基鼓吹的“纯粹民主”，列宁指出：“只要有不同的阶级存在，就不能说‘纯粹民主’，而只能说阶级的民主（‘纯粹民主’不仅是既不了解阶级斗争也不了解国家实质的无知之谈，而且是十足的空谈，因为在共产主义社会中，民主将演变成习惯，消亡下去，但永远也不会是‘纯粹的’民主）。‘纯粹民主’是自由主义者用来愚弄工人的谎话。……这不过是用那套‘博学的’谎话来蒙骗工人，以便回避现代民主即资本主义民主的资产阶级实质。”针对考茨基“苏维埃不得变成国家组织”的荒谬说法，列宁指出：“苏维埃是无产阶级专政的俄国形式。”“关键就在于：苏维埃是应该力求成为国家组织，还是不应该力求这样做，不应该夺取政权，不应该成为国家组织，而应该照旧是一个‘阶级’的‘战斗组’。”“正是在这里，考茨基同马克思主义和社会主义的彻底决裂已经很明显了。这实际上是转到了资产阶级方面，资产阶级什么都能允许，就是不能允许受它压迫的阶级的组织变成国家组织。”

第二，击破了来自已经被打倒的地主资产阶级复辟思潮的挑战。“原路标派分子”是指一群旧知识分子，1909 年 7 月，他们出版了一本叫《路标》的小册子。在十月革命之后，在国外敌对势力的支持下，这些人利用出版、报刊和大学讲坛反对十月革命，污蔑革命是对文明社会的毁灭，攻击新社会制度，鼓吹资本主义复辟。他们的进攻紧密配合了帝国主义对苏维埃俄国的武装进攻。在外国武装干涉失败后，住在布拉格的俄国侨民团体出版了一本《路标转换》文集，同年又在巴黎办了一份《路标转换》杂志，这成为“路标转换派”名称的来源。“路标转换派”利用苏维埃俄国实行新经济政策的时机，变换策略，开始宣扬布尔什维克实行新经济政策实际上不是策略，而是演变，是本质的蜕变，布尔什维克最终一定会走向通常的资产阶级国家，因而主张采取与布尔什维克合作，加速苏维埃政权蜕化和“演变”的战略。

列宁指出，“路标转换派”是俄国流亡者的一个社会政治派别，其领导者是立宪民主党的一些著名人士以及前高尔察克政府的一些部长。路标转换主义反映了一部分资产者或者苏维埃中一些参加新经济政策工作的旧职员的情绪。针对“路标转换派”宣扬所谓新经济政策是布尔什维克蜕化的言论，列宁论证了在俄国实行新经济政策的必要性，指出利用资本主义作为小生产和社会主义之间的中间环节，作为提高生产力的手段、途径、方法和方式，在经济发展落后的俄国是向社会主义过渡的必经阶段。在实行新经济政策的情况下，由于无产阶级掌握着国家的政权和经济命脉，并不会导致资本主义的复辟。要避免“路标转换派”的预言变成现实，布尔什维克就必须不断提高自己的文化素质和管理水平。在这里，列宁既看到了“路标转换派”敌对的资产阶级政治立场，又提起了布尔什维克党对他们预言的警惕，这个看法全面而深刻。

四、在斗争中批判纠正共产主义“左派”幼稚病错误

列宁在《共产主义运动中的“左派”幼稚病》中说：关于布尔什维主义在工人运动内部的另一个敌人，国外还极少知道布尔什维主义是在同小资产阶级革命性做长期斗争中成长、形成和得到锻炼的。另一个敌人就是指共产主义运动中“左派”或“左”倾幼稚病的机会主义。

列宁指出在俄国布尔什维克党内反对“左”倾错误有两次规模特别大的斗争。第一次斗争是关于是否参加最反动的“议会”和受反动法律限制的合法工人组织的问题。列宁认为：“假使布尔什维克当时没有在最严酷的斗争中坚持一定要把合法的斗争形式同不合法的斗争形式结合起来，坚持一定要参加最反动的议会以

及其他一些受反动法律限制的机构（如保险基金会等），那么他们就决不能在 1908—1914 年间保住（更不用说巩固、发展和加强）无产阶级革命政党的坚强核心。”第二次斗争是关于签订布列斯特和约的问题，即是否允许某种“妥协”的问题。“他们原来认为布列斯特和约是同帝国主义者的妥协，对于革命无产阶级政党说来，在原则上是不能容许的而且是有害的。这的确是同帝国主义者的妥协，但这种妥协在当时那种情况下，恰恰是必要的。”

列宁依次分析和批判了在德国等国共产主义运动中存在的“左派”幼稚病表现。针对德国共产党内“原则上的反对派”提出的“共产党专政还是无产阶级专政”“领袖专政还是群众专政”等“左派幼稚病的症候”，列宁指出：“群众是划分为阶级的；只有把不按照生产的社会结构中的地位区分的大多数同在生产的社会结构中占有特殊地位的集团对立时，才可以把群众和阶级对立起来；在通常情况下，在多数场合，至少在现代的文明国家内，阶级是由政党来领导的；政党通常是由最有威信、最有影响、最有经验、被选出担任最重要职务而称为领袖的人们所组成的比较稳定的集团来主持的。这都是起码的常识。”

针对“原则上的反对派”反对党的组织纪律的倾向，列宁批判道：“否定政党和党的纪律……就等于完全解除无产阶级的武装而有利于资产阶级。这也恰恰就是小资产阶级的散漫、动摇、不能坚持、不能团结、不能步调一致，而这些一旦得到纵容，就必然断送无产阶级的任何革命运动。”

针对德国“左派”共产党人退出反动工会、拒绝在工会中工作的主张，列宁强调：“我们同‘工人贵族’作斗争，是代表工人群众进行的，是为了把工人群众争取过来；我们同机会主义和社会沙文主义的领袖们作斗争，是为了把工人阶级争取过来。如果忘记这个最浅显最明白的道理，那是愚蠢的……”“哪里有群众，就一定到哪里去工作。”“这是因为共产党人的全部任务，就是要善于说服落后分子，善于在他们中间进行工作，而不是臆想出一些幼稚的‘左的’口号，把自己同他们隔离开来。”

针对德国“左派”共产党人拒绝参加在资产阶级议会里的斗争的主张，列宁指出：“在德国，议会制在政治上还没有过时，革命无产阶级的政党必须参加议会选举，参加议会讲坛上的斗争，其目的正是在于教育本阶级的落后阶层，正是在于唤醒和启发水平不高的、备受压抑的和愚昧无知的农村群众。当你们还无力解散资产阶级议会以及其他类型的任何反动机构的时候，你们就应该在这些机构内部工作，正是因为在那里还有受神父愚弄的、因身处穷乡僻壤而闭塞无知的工人；不然，你们就真有成为空谈家的危险。”

针对德国“左派”共产党人“不做任何妥协”口号的主张，列宁指出：“德国左派不会不知道在布尔什维主义全部历史中，无论在十月革命前或十月革命后，都充满着对其他政党包括对资产阶级政党实行机动、通融、妥协的事实！”“革命阶级的政治家如果不善于实行‘机动、通融、妥协’，以避免显然不利的战斗，这样的政治家是毫无用处的。”

（刘书林：清华大学马克思主义学院教授）

困难是巨大的。我们已经习惯同巨大的困难作斗争。我们的敌人把我们叫作“硬石头”和“碰硬政策”的代表不是没有道理的。

——列宁：《十月革命四周年》（1921年10月14日）

毛泽东“不怕鬼”思想述论*

高其荣

一、毛泽东“不怕鬼”思想的系统提出

毛泽东最早提出“不怕鬼”思想可以追溯到其青年时期。1919年7月14日，毛泽东在长沙为他主办的《湘江评论》起草的《创刊宣言》中，就这样写道：“什么不要怕？天不要怕，鬼不要怕，死人不要怕，官僚不要怕，军阀不要怕，资本家不要怕。”1927年3月在《湖南农民运动考察报告》一文中，毛泽东又旗帜鲜明地号召农民向封建神权即鬼神崇拜开战。但比较系统提出这一思想是在20世纪50年代末至60年代初。在此期间，毛泽东在一些不同场合多次谈到“不怕鬼”。

1957年上半年，毛泽东就旧剧目中的牛鬼蛇神问题多次发表谈话，提出不要禁演反映牛鬼蛇神的戏。他说：“社会上有牛鬼蛇神，剧本里有也不稀奇。中国人不一定很相信鬼，演来看看也没有什么可怕。……对牛鬼蛇神，戏是看，鬼不一定信。”3月18日，他在全国宣传工作会议上的讲话中又提出了这一问题，他说：“我们要提倡正确的东西，反对错误的东西，但是不要害怕人们接

* 节选自《湘南学院学报》2004年第4期。

触错误的东西。单靠行政命令的办法，禁止人接触不正常的现象，禁止人接触丑恶的现象，禁止人接触错误思想，禁止人看牛鬼蛇神，这是不能解决问题的。”“凡是错误的思想，凡是毒草，凡是牛鬼蛇神，都应该进行批判，决不能让它们自由泛滥。”3月19日，他在南京召开的党员干部大会上讲得很明白：“同志们不要误会，说我在这里提倡妖魔鬼怪，我是想消灭它。消灭的办法，是让它出现一下，让社会大家公评，真理就会慢慢上来，逐步改造。”

1959年4月15日，毛泽东在第16次最高国务会议上讲了一个关于鬼的故事，他说，《聊斋志异》里有一个狂生，晚上坐着读书，有个鬼吓他，从窗户口那个地方伸一个舌头出来，这么长，它以为这个书生就会吓倒了。这个书生不慌不忙，拿起笔把自己的脸画成张飞的样子，画得像我们现在戏台上的袁世海的样子，然后也把舌头伸出来，没有那么长就是了。两个人就这样顶着，你望着我，我望着你。那个鬼只好走了。《聊斋志异》的作者告诉我们，不要怕鬼，你越怕鬼，你就不能活，他就要跑进来把你吃掉。

5月6日，毛泽东在中南海接见苏联、波兰等11个国家的代表团和驻华使节时，又一次谈到了不怕鬼的问题。他说：“世界上有人怕鬼，也有人不怕鬼。鬼是怕它好呢，还是不怕它好？……经验证明鬼是怕不得的。越怕鬼就越有鬼，不怕鬼就没有鬼了。”接着，他又讲了《聊斋志异》中的狂生不怕鬼的故事，然后指出：“今天世界上鬼不少。西方世界有一大群鬼，就是帝国主义。在亚洲、非洲、拉丁美洲也有一大群鬼，就是帝国主义的走狗、反动派。”他还说：“我们的策略是使亚洲、非洲、拉丁美洲的劳动人民得到一次教育，使这些国家的共产党也学会不怕鬼。”

5月10日，毛泽东在接见民主德国人民议院访华代表团时再一次谈到了不怕鬼的问题。他说，不要怕鬼，鬼是这样的，越怕它，它就越多；不怕鬼，它就没有了。你们德国文学中有无这种材料，说明有人怕鬼，有人不怕鬼？……马列主义教我们别怕鬼。资本主义这个鬼确有其事，不过不要怕。希特勒是大鬼，蒋介石这个鬼也不小，在他之前还有袁世凯、清皇帝等鬼。

1961 年 2 月，人民文学出版社出版了《不怕鬼的故事》。这本书前有长达近万字的序言。序言说明了编辑出版这本书的目的，介绍了这本书的基本内容，阐述了在战略上藐视鬼、在战术上重视鬼的“打鬼”方针以及在新形势下这些不怕鬼的故事的意义和教训。序言说，“我们编这个小册子，目的不在于借这些不怕鬼的故事来说明我国古代的唯物主义的思想。我们主要是想把这些故事当作寓言、当作讽喻性的故事来介绍给读者们。如果心存怯懦，思想不解放，那么人们对于并不存在的鬼神也会害怕。如果觉悟提高，迷信破除，思想解放，那么不但鬼神不可怕，而且帝国主义，反动派，修正主义，一切实际存在的天灾人祸，都是不可怕的，都是可以战胜的，都是可以克服的。”因此，“彻底扫除这种落后的‘怕鬼’思想，对于每个革命者来说，是严重的斗争任务”。

《不怕鬼的故事》一书是在毛泽东的直接指示下编辑出版的。1959 年 4—5 月，毛泽东决定要从中国古典小说中编选一本《不怕鬼的故事》。胡乔木后来将这一任务落实到中国科学院文学研究所。全书定稿后，为说明在这个时候编选出版这本书的用意，引导读者结合现实更好地阅读，文学研究所所长何其芳请毛泽东写序，毛泽东要何其芳起草。在起草序言的过程中，何其芳曾三次将文稿送请毛泽东审阅。毛泽东不仅对文稿作了重大修改，而且还两次在中南海约请何其芳面谈。因此，这篇序言虽由何其芳执笔所写并由何其芳署名发表，但序言中的观点实际上代表了毛泽东的观点。《不怕鬼的故事》出版时，《人民日报》和《红旗》相继全文刊载了这篇序言。序言的发表，标志着毛泽东“不怕鬼”思想的系统提出。

二、毛泽东“不怕鬼”思想的主要内容

毛泽东“不怕鬼”的思想，包括以下内容：

1. 什么是毛泽东所说的“鬼”？毛泽东所说的“鬼”不仅是指迷信传说中的鬼怪和神灵，更是指帝国主义和各国反动派、国际国内的所谓“修正主义”和一切阻碍社会主义建设事业发展的障碍。他所不怕之“鬼”，更多的是一种象征，象征一切需要反抗的压迫力量，象征一切需要克服的困难和障碍。可见，毛泽东是在以鬼讽今，在他眼里，“鬼”被赋予了政治上的特殊意义。

2. 不要怕鬼。之所以不要怕鬼，是因为怕鬼没有用，越怕鬼越多。毛泽东为《〈不怕鬼的故事〉序》增写了这样一段话：“难道我们越怕‘鬼’，‘鬼’就越喜爱我们，发出慈悲心，不害我们，而我们的事业就会忽然变得顺利起来，一切光昌流丽，春暖花开了吗？”

3. 鬼并不可怕，只要从战略上藐视，从战术上重视，通过斗争，就一定能够战胜各种各样的鬼。1958 年 12 月党的八届六中全会期间，毛泽东发表了《关于帝国主义和一切反动派是不是真老虎的问题》一文，再一次提出了对帝国主义和一切反动派既要从战略上藐视，把它当作纸老虎，又要从战术上重视，把它当作真老虎的策略思想。《〈不怕鬼的故事〉序》一文指出：“这些故事都是这样描写的：人只要不怕鬼，敢于藐视它，敢于打击它，鬼就怕人了。不要怕鬼，这不但可以作我们在战略上藐视帝国主义和一切反动派的比喻，而且还可以扩大这个比喻的内容：对于一切看起来似乎可怕但实际上并没有什么可怕的事物，如果我们不能破除迷信，解放思想，对它们抱有畏惧和顾虑，都可以叫作是‘怕鬼’，都是同怕鬼一样可笑的事情。”文章还指出：“这些故事都说明了这样的道理：总的说来，鬼并没有什么可怕，人是完全能

够打败它、制服它的。但对于每一个具体的鬼，对于每一个同鬼相周旋的具体的场合，人又必须采取谨慎态度，必须有智谋，然后才能最后取得胜利。”可见，毛泽东不怕鬼的思想实际上是他解放战争初期提出的在战略上藐视一切敌人，在战术上重视一切敌人的思想在新的历史条件下的发展。

4. 把不怕鬼的故事作为政治斗争和思想斗争的工具。毛泽东认为蒲松龄的《聊斋志异》是“叙述现实中的恶势力和人世间的种种不幸”，是借鬼狐说教，还把自己比作别人打鬼借助的钟馗。1961年1月23日，毛泽东在约见何其芳时说得更明白：“我是把不怕鬼的故事作为政治斗争和思想斗争的工具的。”毛泽东在不同场合提出不怕鬼和打鬼，其目的在于鼓舞中国人民和世界人民敢于斗争、敢于胜利的志气，完全是为当时的政治斗争和思想斗争服务的。

5. 不但不要怕鬼，还要打鬼和改造“半人半鬼”的人。所谓“打鬼”，就是要和帝国主义、反动派、修正主义、困难等作坚决的斗争。他指出，打鬼是一个长期的过程，不会一蹴而就。要注意改造“半人半鬼”的人。他指出，半人半鬼，不是走到人，就是走到鬼。走到鬼，经过改造，又会走到人。毛泽东没有对“半人半鬼”作具体的说明，在笔者看来，应该是指他认为的党内外的犯有严重错误的同志和所谓“修正主义者”，与他后来所批判的“牛鬼蛇神”是可以画等号的。

三、“不怕鬼”思想系统提出的历史背景

《〈不怕鬼的故事〉序》一文的结尾部分是由毛泽东以何其芳的口气增写的。毛泽东写道：“这本书是从1959年春季全世界帝国主义、各国反动派、修正主义组织反华大合唱的时候就由中国科学院文学研究所着手编辑，到这年夏季即已基本上编成。那时

正是国内修正主义起来响应国际修正主义、向着党的领导举行猖狂进攻的时候，我们决定将本书初稿加以精选充实，并决定由我写一篇序。1960 年底，国际情况起了很大变化，八十一个共产党和工人党在莫斯科举行代表会议，发表了反对帝国主义、反对反动派、反对修正主义的声明。这个‘不怕鬼’的声明使全世界革命人民的声势为之大振，妖魔鬼怪感到沮丧，反华大合唱基本上被摧垮。但是读者应当明白，世界上的妖魔鬼怪还多得很，要消灭它们还需要一定时间，国内的困难也还很大，中国型的魔鬼残余还在作怪，社会主义伟大建设的道路上还有许多障碍需要克服，本书的出世就显得很有必要。”我们可以通过《不怕鬼的故事》一书的编辑出版和毛泽东增写的这一段文字去解读他提出“不怕鬼”的思想的历史背景和原因。

1. 国际帝国主义掀起了反华大合唱，这是毛泽东提出“不怕鬼”思想的重要外部原因之一。在国内问题上：新中国成立后，长期处于帝国主义的封锁、包围和制裁之下。美国在朝鲜战争失败后继续占领台湾。台湾国民党当局在美国支持下，多次公然叫嚣要反攻大陆，并在江浙、福建沿海进行捣乱和挑衅。1957 年美国艾森豪威尔政府提出了“和平取胜战略”，其实质是对社会主义国家进行和平演变，颠覆社会主义制度。杜勒斯和美国一些传媒积极地宣传这一战略，并恶毒攻击中国，特别是攻击毛泽东发动的“大跃进”运动和人民公社化运动。在国际问题上：1956 年越南战争爆发后，美国直接介入战争，支持南越一方。后又将战争扩大，对中国的安全构成直接威胁。美国还先后出兵黎巴嫩、刚果等国，在亚、非、拉地区到处点燃战火，进行扩张。毛泽东说，人和鬼，谁怕谁多一点？是鬼怕人多一点；帝国主义和我们，谁怕谁多一点？帝国主义比我们多怕一点。

2. 毛泽东认为苏联出了修正主义是他提出“不怕鬼”思想的又一重要外部原因。从 1955 年苏共二十大后，中苏两党在如何对待斯大林问题上开始出现分歧。1958年，苏联提出要在中国建立中苏共有的长波电台和共同舰队。苏联不赞成中国的“双百”方针，对“大跃进”运动和人民公社化运动也予以攻击和指责。中国炮击金门后，赫鲁晓夫担心会妨碍“苏美合作”，对中国施压。中印发生边界冲突后，作为中国盟友的苏联发表声明公然宣布保持中立，实际上是袒护印度。1959年5月，苏联单方面撕毁中苏国防新技术协议。9月，赫鲁晓夫又出访美国，与艾森豪威尔举行戴维营会谈，赫鲁晓夫还应邀出席1960年5月在巴黎召开的美、英、法、苏四国会议。毛泽东从维护国家主权出发，拒绝了苏联建立长波电台和联合舰队的无理要求，毛泽东不满苏共在斯大林问题上的做法和对斯大林的评价，不满苏联对中国的指责，不满苏联公然偏袒印度，不满苏联与美国缓和。这样，中苏两党和两国关系出现了严重裂缝。毛泽东认为苏联出了修正主义。因此毛泽东在这个时候提出“不怕鬼”和“打鬼”，自然包含了不信苏共修正主义这个邪和反击苏共修正主义的意思。

3. 毛泽东把党内对“三面红旗”的不同认识和分歧视为修正主义在国内的反映，是他提出“不怕鬼”思想的主要内部原因。毛泽东提出社会主义建设总路线，发动“大跃进”运动和人民公社化运动，遭到了帝国主义的攻击和苏联、东欧一些国家的怀疑和责难，党内外也有一些人存在不同意见。在“三面红旗”插遍全国的同时，毛泽东一直没有放松对“右倾保守思想”“观潮派”“秋后算账派”的批判。1959年庐山会议上，彭德怀上书毛泽东，遭到毛泽东的批判，并怀疑彭是受了苏共的支持和影响。“大跃进”运动失败后，中央虽然制定了调整国民经济的八字方针，但在如何认识“三面红旗”的问题上，毛泽东和刘少奇等人之间出现了意见分歧。毛泽东后来批判“翻案风”“单干风”和“黑暗风”，把这些都同修正主义联系在一起思考，并认定中共党内也出了修正主义。借“打鬼”来反对国内的所谓“修正主义”，是毛泽东当时的策略选择。

4. 由“大跃进”运动和人民公社化运动带来的国民经济的严重困难，是毛泽东提出“不怕鬼”思想的另一内部原因。1958年，在急于求成的“左”倾思想指导下，发动了“大跃进”运动和人民公社化运动，加上自然灾害、苏联撕毁合同和逼债等原因，中国遇到了前所未有的严重经济困难。以毛泽东为首的中国共产党人在严重的困难面前，表现出了大无畏的英雄气概，号召全国人民同困难作斗争，把这些困难视作不可怕的鬼。

综上，将鬼故事作为政治斗争和思想斗争的工具是毛泽东提出“不怕鬼”思想的历史渊源和策略需要。在中国的鬼文化中，鬼往往与死亡联系在一起，被描述成十分可怕的东西。在需要政治斗争和思想斗争的时候，毛泽东想到了以鬼讽今，“打鬼”成了他同帝国主义和一切反动派、修正主义作斗争和同一切困难作斗争的代名词。

四、毛泽东“不怕鬼”思想的积极意义和消极影响

毛泽东“不怕鬼”思想极大地鼓舞了中国人民反击帝国主义和各国反动派的反华浪潮的志气和信心。为了惩罚国民党当局的嚣张气焰，同时牵制美国军事力量，以实际行动支援阿拉伯人民反对美帝国主义侵略中东的斗争，中国政府和人民不怕美帝国主义，从1958年8月开始炮击金门、马祖。毛泽东说，我们不怕鬼，所以炮击金门、马祖。这一仗打下去之后，现在台湾海峡风平浪静，通行无阻，所有的船只不干涉了。

毛泽东不仅对苏联和东欧以及亚洲的社会主义国家的代表团和驻华使节谈过不怕鬼的问题，而且还对日本和其他国家的访华代表团谈过。《不怕鬼的故事》一书还被先后翻译成英文、法文等几种外文，其序言的英译稿还被登在《北京周报》上，这本书的

影响超出了国界。毛泽东不怕鬼的思想对于鼓舞世界社会主义国家人民反对帝国主义的斗争，对于鼓舞亚非拉人民反对殖民主义、争取民族独立和反对帝国主义的干涉与侵略、巩固民族独立的斗争，都产生过一定的积极影响。

从1959年起，我国国民经济进入了三年困难时期。毛泽东虽然没有从根本上认识当时的“左”倾错误，但他号召全国人民要“不怕鬼”，把战略上藐视困难和战术上重视困难结合起来。因此，毛泽东“不怕鬼”思想对于鼓舞全国人民克服困难的信心，夺取国民经济调整工作的胜利有着重要的积极意义。

我们在充分肯定毛泽东“不怕鬼”思想的积极意义的同时，也应看到这一思想存在的消极影响。由于当时没有完全弄清什么是社会主义和如何建设社会主义这个根本问题，也没有完全弄清什么是修正主义这个重要问题，以毛泽东“不怕鬼”思想为指导，以“打鬼”的名义来反对国际、国内的所谓修正主义，就不可避免地会出现偏差。

（高其荣：湖南理工学院马克思主义学院教授）

全世界帝国主义和中国蒋介石反动集团的统治，已经腐烂，没有前途。我们有理由轻视它们，我们有把握、有信心战胜中国人民的一切内外敌人。但是在每一个局部上，在每一个具体斗争问题上（不论是军事的、政治的、经济的或思想的斗争），却又决不可轻视敌人，相反，应当重视敌人，集中全力作战，方能取得胜利。当着我们正确地指出在全体上，在战略上，应当轻视敌人的时候，却决不可在每一个局部上，在每一个具体问题上，也轻视敌人。如果我们在全体上过高估计敌人力量，因而不敢推翻他们，不敢胜利，我们就要犯右倾机会主义错误。

——毛泽东：《关于目前党的政策中的几个重要问题》（1948年1月18日）

改革开放时期邓小平发扬斗争精神的实践*

郑吉伟　张晶

一、发扬斗争精神是应对改革开放风险挑战、实现四个现代化的内在要求

斗争精神是中国共产党应对风险、实现目标的鲜明的精神品质。改革开放时期，面对新情况、新问题，邓小平结合时代特点进行科学研判，指出改革开放必然会遭遇风险。面对经济、思想文化、社会、党建、外交等方面的主要风险，邓小平要求全党同志要坚持与干扰改革开放、阻碍现代化建设的思想、观点、行为作斗争。

（一）在我国经济体制从计划经济向社会主义市场经济转轨过程中要发扬斗争精神，为现代化建设构建稳定且富有活力的市场环境

经济体制改革的逐步推进使我国经济更具活力，国家实力迅速提升。然而，由于一段时期持续经济过热，全社会出现了比较

---

* 节选自《邓小平研究》2021 年第 2 期，原文题为《改革开放时期邓小平发扬斗争精神的实践及现实意义》。

严重的通货膨胀和物价上涨。根据《中国统计年鉴》的数据分析，1988 年通货膨胀明显加剧，物价的涨幅达到了最大。邓小平很快觉察到这一现象。1989 年 3 月，他在会见乌干达总统时指出：“我们现在的问题是通货膨胀，物价上涨得太快，给国家和人民都带来了困难。”一方面，邓小平清醒认识到转轨过程中的风险是不可避免的，明确指出：“我们处理问题，要完全没有风险不可能，冒点风险不怕。”另一方面，他坚持发扬斗争精神应对和化解风险，从而为现代化事业开辟新路，他指出：“没有一点闯的精神，没有一点‘冒’的精神，就干不出新的事业。”最终，在党中央的决策部署下，通货膨胀得到了有效遏制，物价逐渐走向平稳。历史和实践证明，邓小平敢于斗争、迎难而上的精神坚定了全党进一步改革的决心，同时也为克服现代化建设中的风险挑战提供了精神支持。

（二）在抵制资产阶级腐朽思想以及“四人帮”、封建主义残余影响时要发扬斗争精神，为现代化建设创造风清气正的思想文化领地

对外开放让中国不可避免地接触到资产阶级思想文化中腐朽的一面。邓小平指出：“由于近年国际交往增多，受到外国资产阶级腐朽思想作风、生活方式影响而产生的崇洋媚外的现象，现在已经出现，今后还会增多。”他认为必须“保持清醒的头脑，坚决抵制外来腐朽思想的侵蚀，决不允许资产阶级生活方式在我国泛滥”。党的十一届三中全会以后，“四人帮”反革命势力基本被消灭，然而其派性和无政府主义的流毒，同一些怀疑社会主义、怀疑无产阶级专政、怀疑党的领导、怀疑马列主义毛泽东思想的思潮相结合，开始在一小部分人中间蔓延。邓小平不止一次在党的重要会议中提到了“四人帮”的恶劣影响，要求继续同“四人帮”的恶劣影响进行坚决斗争。1980 年 8 月，邓小平在中共中央政治局扩大会议中

明确提出了继续肃清思想政治方面的封建主义残余影响的任务。他列举了宗法观念、等级观念、搞特权、专制作风、官僚作风等封建主义观点和现象，指出“要彻底解决上述这些问题，还需要我们付出很大的努力”。邓小平认为，这些观念和思潮都会妨碍社会主义现代化建设事业的前进步伐，必须发扬斗争精神积极应对。

（三）在整顿社会秩序和社会风气时要发扬斗争精神，为现代化建设创造稳定的内部环境

改革开放初期，“文化大革命”所造成的社会影响还没彻底消除，社会秩序、社会风气还未得到根本好转。邓小平指出：“现在的社会风气不如过去，动不动就打砸抢，年轻的娃娃甚至动刀子，不讲礼貌了，也不照顾别人的利益、集体的利益、国家的利益。”再加上相关教育的弱化以及法制建设的滞后，难以适应经济社会发展的需要，一些地方的刑事案件增多。1983 年 7 月，邓小平同公安部负责同志谈话时指出：“刑事案件、恶性案件大幅度增加，这种情况很不得人心。几年了，这股风不但没有压下去，反而发展了。”他强调，没有稳定的社会秩序，什么事也干不成。社会经济发展以及现代化建设都需要安全、稳定的内部环境。邓小平主张对于破坏社会秩序和社会风气的行为，先是进行教育，对于教育无效的情况，就应该坚决采取法律措施，不能手软。他强调，必须发扬斗争精神对扰乱社会秩序、败坏社会风气的行为进行整顿，对违法犯罪行为予以严厉打击。他尤其强调党员、领导干部要有明确的斗争态度。

（四）在治理党内官僚主义和贪污腐败时要发扬斗争精神，为现代化建设打造强有力的领导核心

改革开放时期，党内暴露出一些问题，对党和国家的事业发

展及社会主义现代化建设进程构成了巨大威胁。其中，表现比较突出的是官僚主义、贪污腐败。1980年8月，在中共中央政治局扩大会议上，邓小平指出了官僚主义的表现形式是“高高在上，滥用权力，脱离实际，脱离群众，好摆门面，好说空话，思想僵化，墨守陈规”等。他指出要解决官僚主义问题，一方面是进行制度改革，另一方面是进行教育和思想斗争，并强调这是非做不可的。“要搞四个现代化，把社会主义经济全面地转到大生产的技术基础上来，非克服官僚主义这个祸害不可。”1982年4月10日，邓小平在中共中央政治局讨论会上指出：“我们自从实行对外开放和对内搞活经济两个方面的政策以来，不过一两年时间，就有相当多的干部被腐蚀了。”他坚信中国的社会主义现代化建设事业要由共产党领导，并充分认识到党内腐败现象可能造成的危害，指出：“如果我们党不严重注意，不坚决刹住这股风，那末，我们的党和国家确实要发生会不会‘改变面貌’的问题。”对治理党内比较突出的官僚主义和贪污腐败这两个问题，邓小平立场坚定、态度明确，认为必须发扬斗争精神。

（五）在反对霸权主义和强权政治时要发扬斗争精神，为现代化建设创造和平的外部条件

20世纪70年代末、80年代初，世界局势不稳定，发生了阿富汗事件、伊朗问题、越南问题、中东问题。邓小平认为要将反霸任务摆在每天的议程上。他在华北某地检阅军事演习部队时指出：“超级大国的争夺日益加剧，苏联霸权主义加速推进全球战略部署，严重地威胁着世界的和平和我国的安全。对此，我们必须保持高度的警惕。”面对霸权主义和强权政治所带来的风险挑战，邓小平认为要争取和平就必须反对霸权主义，反对强权政治。同时他主张：“实现和平的手段，就是针锋相对地进行斗争。”针锋相对的斗争并

不是意味着好战，排斥和平。相反地，斗争是维护和平最有力的方式。邓小平的讲话体现了共产党人面对外交风险敢于斗争的坚定意志，彰显了共产党人面对外部压力时应当具备的精神状态。

二、在改革开放伟大斗争中练就斗争本领

改革开放是在斗争中产生和发展的。在与“两个凡是”错误思想的斗争中，党中央肯定了“实践是检验真理的唯一标准”，重新确立了实事求是的思想路线，在这一路线的指导下作出了实行改革开放的历史性决策。伟大变革必然会面临前所未有的风险和挑战，共产党人不仅要敢于斗争，而且要善于斗争。因此，把握斗争方式和策略，在斗争中练就过硬而高超的本领是对这一时期共产党人提出的必然要求。共产党人只有努力练就斗争本领，才能取得斗争的胜利。

（一）要熟悉马克思主义理论，抓住精髓，为伟大斗争夯实理论功底

邓小平重视马克思主义理论学习。他教导党员领导干部：“在繁忙的工作中，仍然有一定的时间学习，熟悉马克思主义的基本理论，从而加强我们工作中的原则性、系统性、预见性和创造性。”改革开放伟大斗争中，需要扎实的马克思主义理论作为斗争的行动指南。此外，对于理论学习，只有抓住精髓才能把握斗争方向。邓小平认为，“学马列要精，要管用的”。建设中国特色社会主义会出现新的风险和挑战，这就要求我们必须一切从实际出发，掌握新的实际情况、研究新的问题。唯有这样，才能更好地发展马克思主义理论以及坚定斗争方向。邓小平讲：只有熟悉马克思主义理论且抓住其理论精髓，才能用于现实的工作指导，从

而在激烈的斗争形势中处于有利的位置。

（二）要坚定政治立场，增强风险意识，为伟大斗争提高政治能力

强大的政治能力是共产党人取得斗争胜利的根本保障。在邓小平看来，现代化建设是改革开放时期最大的政治，要实现四个现代化必须坚持四项基本原则。他强调："每个共产党员，更不必说每个党的思想理论工作者，决不允许在这个根本立场上有丝毫动摇。"邓小平十分重视坚持党的领导和坚持社会主义，一直将它们作为思想政治工作的重中之重。因此，发扬斗争精神应当把握这两个基本原则和方向。"特别是对于那种要脱离社会主义轨道、脱离党的领导、搞自由化的倾向，要进行正确的有力的批评和必要的斗争。"1983 年 10 月，邓小平在中国共产党第十二届中央委员会第二次全体会议上对部分党员领导干部在思想战线的立场和态度提出批评："在对错误倾向、坏人坏事作思想斗争和组织处理的问题上，这些年来党内确实滋长了过分容忍、优柔寡断、畏难手软、息事宁人的情绪，这就放松了党的纪律，甚至保护了一些坏人。"邓小平明确提出："马克思主义者应当站出来讲话。思想战线的共产党员，特别是这方面担负领导责任的和有影响的共产党员，必须站在斗争的前列。"

（三）要丰富工作经历，增长才干，为伟大斗争加强实践锻炼

邓小平十分赞同伟大斗争离不开共产党人的实践锻炼。进行实践锻炼不仅适用于革命战争年代的阶级斗争，同样也适用于和平年代各种形式的斗争。邓小平特别注意锻炼党员领导干部，他认为尤其是年轻干部应该丰富实践经历，要在基层和领导岗位受

到锻炼。邓小平指出:“把年轻干部放到第一线压担子，这个路子对，不能只靠人家扶着。他们受到了锻炼，提上来别人也会服气。”他还强调:“人才要放到领导位置上，不然锻炼不出来。”一方面，邓小平教导党员领导干部要在实践中密切联系群众。他主张领导干部把国家的形势和困难、党的工作和政策经常真实地告诉群众，从而让群众直接全面地了解党和国家。领导干部要主动关心群众的生活，一定要努力帮助群众解决一切能够解决的困难。暂时解决不了的，要跟群众解释清楚。这样一来，在重大斗争中人民群众就会发挥积极作用。通过联系群众与刑事犯罪分子展开斗争很好地证明了人民群众发挥的巨大作用。他指出:“动员全市人民参加，这本身对人民是教育，同时能挽救很多人，挽救很多青年。发动群众，声势大，有的罪犯会闻风跑掉。”另一方面，邓小平要求党员干部在斗争中学习和总结经验，他指出:“斗争要求我们把工作做得更细致一些，注意经常总结经验。”改革开放的伟大斗争要求我们必须学习西方发达国家先进的技术、管理方式，邓小平提出:“资本主义国家先进的经验、好的经验，我们应当把它学回来。”他强调要总结失败的经验，不止一次地谈到改革中会面临很多风险，会有预料不到失误，但是他指出:“我们相信，及时总结经验，可以纠正错误。”

（郑吉伟：中国人民大学马克思主义学院教授；张晶：中国人民大学马克思主义学院博士研究生）

我们自己要保持警惕，放松不得。要维护我们独立自主、不信邪、不怕鬼的形象。我们绝不能示弱。你越怕，越示弱，人家劲头就越大。并不因为你软了人家就对你好一些，反倒是你软了人家看不起你。

——邓小平:《改革开放政策稳定，中国大有希望》(1989 年 9 月 4 日)

江泽民防范执政风险思想研究*

陈小林

一、江泽民鲜明地提出要增强忧患意识，居安思危

江泽民关于防范执政风险的思想有一个提出、发展和深化的过程，而且，在党的建设的不同历史阶段，其防范执政风险的侧重点也有所不同。

（一）上任伊始，针对国际国内严重的政治风波，提出"充分认识党面临的严峻形势和严重危险"

1989年6月，中共十三届四中全会选举江泽民为中共中央总书记。江泽民可以说是受命于危难之时，国际上，东欧一系列共产党领导的社会主义国家相继发生剧变，共产党下台，国家改变颜色。尤为严重震惊世界是，1991年八一九事件后，世界共产党中最早执政的苏联共产党丧失政权，苏联解体，国际共产主义运动遭受严重挫折，陷入低谷。在国内，由于复杂的国际国内因素，在新中国成立40周年前夕，1989年春夏之交在首都北京发生严重

* 节选自《南昌大学学报》（人文社会科学版）2006年第4期。

的政治风波。这种复杂的国际国内局面对中国共产党的执政带来空前严峻的考验。

江泽民作为新一代领导集体的核心，以极大的精力抓执政党的建设。1989 年 12 月，中共中央组织部、中共中央宣传部、中共中央政策研究室、中共中央党校举办党建理论研究班，江泽民发表题为《为把党建设成更加坚强的工人阶级先锋队而斗争》的讲话，他指出:“我们要充分认识党面临的严峻形势和担负的历史重任，充分认识国际敌对势力加紧推行和平演变对我们党的严重危险，充分认识在新情况下加强党的建设的重要性和紧迫性。”这其中的“严峻形势”和“严重危险”，充分揭示了执政党建设中面临的风险。

（二）十四大以后，针对社会主义市场经济带来的考验，提出要反对腐败，防止“三个葬送”

1992 年春天，邓小平在南方谈话中提出社会主义也可以搞市场经济。当年秋天党的十四大正式确立了社会主义市场经济体制的改革目标。这是中共领导经济建设战略的巨大转变。市场经济一方面促进了中国生产力的快速增长，壮大了中国的经济实力，引起社会生活的巨大变化，但另一方面也对处在执政地位的中国共产党带来崭新的考验。其中一个重大的考验是腐败现象的蔓延滋长。为此，江泽民 1993 年 8 月在中纪委二次全会上认为要实事求是地估计反腐败斗争的现状，他指出:“我们不能否定党的主流是好的，也不能低估腐败现象的严重性和危害性。腐败现象是侵入党和国家健康肌体的病毒。如果我们掉以轻心，任其泛滥，就会葬送我们的党，葬送我们的人民政权，葬送社会主义现代化大业。”这“三个葬送”充分揭示了腐败对共产党执政的严重危害性。1997 年在十五大报告中提出：“反对腐败是关系党和国家生死存亡的严重政治斗争。”

（三）进入新世纪，针对党处在长期执政面临的新考验，江泽民提出要“增强忧患意识，居安思危”

进入 21 世纪，中国共产党所处的地位、面临的环境、肩负的任务和自身队伍都发生了重大变化，这其中最为关键的变化是党处于长期执政的地位。江泽民认为，50 多年来，从总体上说，我们党经受住执政的考验，但长期执政的复杂环境，也使执政党的建设遇到许多前所未有的新矛盾、新问题。2000 年 2 月，他在广东高州考察工作时指出：“现在党的建设同新形势新任务不相适应的地方还相当不少，党内在思想上、组织上、作风上存在的不符合甚至违背党和人民利益的问题也相当不少，需要研究解决的新情况新问题也不少。”2001 年在“七一”讲话中，他指出：“全党同志要居安思危，增强忧患意识。”作为中共中央总书记，在庆祝建党 80 周年大会上公开提出要“居安思危”，可谓振聋发聩。2002 年 11 月在十六大政治报告快要结束时，他庄重指出：“面对很不安宁的世界，面对艰巨繁重的任务，全党同志一定要增强忧患意识，居安思危，清醒地看到日趋激烈的国际竞争带来的严峻挑战，清醒地看到前进道路上的困难和风险，倍加顾全大局，倍加珍视团结，倍加维护稳定。”可见，如何增强忧患意识，居安思危，有效地防范执政风险，维护执政安全，在江泽民的心目中具有非常重要的地位。

二、江泽民根据执政方位的变化，从世情、国情和党情三个大的方面剖析了中共执政面临的风险

（一）国际因素带来的风险和挑战

江泽民认为，当今世界各国人民要和平、求发展的时代大趋势没有变。在可以预料的较长时期内，我们可以争取到一个和平的国际环境。但他同时也认为，这些年来，世界发生了不少事，天下仍很不太平，主要表现为：

一是政治上，霸权主义和强权政治有新的发展。江泽民清醒地看到，由于世界力量对比严重失衡，美国在经济、科技、军事上处于超强地位，世界走向多极化的进程不会一帆风顺，将会经历一个较长的发展过程。1999 年，美国国防开支达 2762 亿美元，相当于当年俄罗斯、英国、法国、德国、日本和中国 6 个国家军费总和的 1.67 倍。2000 年度和 2001 年度进一步上升为 2888 亿美元和 3099 亿美元。西方敌对势力不愿意看到社会主义中国发展壮大，利用所谓民主、人权、民族、宗教等问题，加紧对我国实施“西化”“分化”的战略图谋不会改变。1999 年 5 月 8 日，美国悍然轰炸我驻南斯拉夫大使馆，造成国际战争史上、外交史上的罕见事件。江泽民认为，我们与西方敌对势力在渗透与反渗透、颠覆与反颠覆、分裂与反分裂方面的斗争将是长期的复杂的，有时甚至是十分尖锐的。

二是经济上，经济全球化作为一个客观进程具有两重性。西方发达国家力图主导经济全球化，发展中国家总体上处于弱势，如果没有正确的对策就会落入更加不利的地位。江泽民认为，西

方发达国家通过跨国公司和受它们控制的国际经济组织，加紧向发展中国家进行经济渗透和扩张，在全世界争夺资源和市场，同时极力推行它们的发展模式、政治制度和价值观念，企图通过经济全球化实现资本主义的一统天下，这使广大发展中国家的经济主权、国家安全面临着严峻的挑战和威胁。

三是在科技上，西方发达国家的科技实力明显占优势，发展中国家面临着巨大压力。有材料显示，美国目前已控制了世界75%的电视节目和60%以上的广播节目的生产和制作。美国利用这种文化霸权，为其推进霸权主义和强权政治服务。

综合以上三方面的因素，江泽民认为，当今各国特别是大国之间的关系，集中表现为包括经济实力、科技实力、国防实力、民族凝聚力在内的综合国力的较量与竞争，这种全球政治与经济发展的特点，在21世纪将持续很长一段时间。江泽民在十六大报告中指出："形势逼人，不进则退。"为此，他要求全党必须保持高度警惕，善于把握大局，审时度势，既要坚持原则，又要讲求斗争艺术，坚定地抓住机遇加快我国的发展，坚决维护我国的利益和安全。

（二）国内因素带来的风险和挑战

从国内形势看，我国社会主义现代化建设进入一个新的发展时期。我国现处在社会主义初级阶段。这个初级阶段，是完成国家的工业化和实现国家经济的社会化、市场化、现代化的历史长过程。经过改革开放和快速发展，我国的生产力水平、供求关系、体制环境、对外经济联系都发生了重大变化。我们有信心、有条件、有能力完成这一任务。江泽民也提醒全党要清醒地认识到，完成这一任务有难度有风险，具有很大的艰巨性和复杂性。江泽民于2000年初在中央政治局会议上提出有七个问题在考验着党的领导水平，即巩固农业的基础地位，推进经济结构的战略性调整，实施科技兴国战略和可持续发展战略，搞好西部大开发，建立比较完善的社会主义市场经济体制，应对加入世界贸易组织后面临的机遇和风险，处理改革、发展和稳定的关系等。2002 年 11 月，江泽民在十六大报告中认为我们工作中还有不少困难和问题：一是农民和城镇部分居民收入增长缓慢，失业人员增多，有些群众的生活还很困难；二是收入分配关系尚未理顺；三是经济秩序有待整顿和规范；四是有些地方社会治安状况不好；五是一些党员和领导干部中的形式主义、官僚主义作风和弄虚作假、铺张浪费行为相当严重，有些腐败现象仍然突出；五是党的领导方式和执政方式与新形势新任务的要求还不完全适应，有的党组织软弱涣散。

（三）党处在长期执政地位带来的风险和挑战

江泽民认为，这些年来，我们坚持用马列主义、毛泽东思想、邓小平理论武装全党，全面推进党的建设，取得了很大的成绩，但也坦然地指出，加强和改革党的建设，解决党内存在的突出问题，还有大量的工作要做。2000 年 12 月，江泽民在中纪委五次全会上提出要正确认识党处在长期执政地位带来的影响。他指出："我们党的地位发生了重大变化，从一个为夺取政权而奋斗的党成为一个掌握着全国政权的执政党，成为一个连续执政 50 多年的党。党的地位的这种历史性变化，不能不对党员和干部队伍带来深刻的影响。"这段话清楚地表明，党的地位的历史性变化在于由"夺取政权"到"掌握政权"并"长期执政"，地位的变化自然会带来深刻的影响。关于影响和挑战，江泽民从反腐倡廉的角度列举了以下四个问题：

第一，领导干部能否正确运用权力的问题。在革命战争时期，参加党、参加革命队伍，就要准备奉献个人的一切乃至牺牲生命，大家都为崇高的革命理想和人民利益而奋斗。那时，我们党可以调动的资源十分有限，从高级干部到普通党员，都过着十分艰苦的生活。新中国成立后，党成为执政党，掌握了政权，有了调动全国人、财、物等资源的权力，而且权力之大，可调动的资源之多，都是未执政前无法比拟的。党员干部能否正确运用手中的权力，这是一个考验。

第二，领导干部能否正确树立利益观的问题。由于我们党处在执政地位并长期执政，党内有一些人把党和人民赋予的职权、把自己的地位、影响和工作条件，看成是自己的所谓既得利益，不是用这些职权和条件来为党、为人民更好地工作，而是用来为自己捞取不合理的非法的权利，有的甚至视为之谁也碰不得、动不得的私有财产，想方设法要去维护和扩大这种所谓既得利益。特别是在改革开放条件下，利益多元化倾向加大，这些既得利益者形成既得利益集团也是有可能的。党内既得利益集团和社会上既得利益集团遥相呼应，就会阻碍进一步改革开放，危害人民群众的根本利益，动摇党的执政地位。江泽民于2001年在“七一”讲话中特别告诫:“所有党员干部必须真正代表人民掌好权、用好权，而绝不允许以权谋私，绝不允许形成既得利益集团。”

第三，领导干部中出现腐败问题。江泽民认为，许多事实也一再说明，我们党成为执政党以后，党内一些人逐渐不思进取、好逸恶劳，不愿意艰苦奋斗，贪图享乐的思想滋长起来，利用手中掌握的权力谋取私利的现象不断发生了，形式主义、官僚主义的不良作风也泛滥起来了。为此，江泽民在十六大报告中特别告诫:“不坚决惩治腐败，党同人民群众的血肉联系就会受到严重损害，党的执政地位就有丧失的危险，党就有可能走向自我毁灭。”这其中的“走向自我毁灭”，深刻地揭示了腐败对执政党的严重危害。

第四，执政党的党群关系问题。江泽民认为，历史事实说明，不少剥削阶级的政党或政治集团，在执政以后，利用手中掌握的权力攫取本阶级、本集团和执政官员个人的私利，并极力维护这种私利，结果形成一个欺压人民、侵害人民利益的既得利益集团。正因为这样，他们终究要受到人民群众的反对。江泽民告诫，我们党以全心全意为人民服务上台执政的，不能损害人民群众的利益，如果走到了那一步，我们党就要失败。

此外，江泽民在其他场合还批评了党内存在的思想僵化、精神退化、理想动摇、纪律松弛、组织涣散等等问题。

三、江泽民构建了以“三个代表”重要思想为指导的防范执政风险的基本对策

江泽民提出了防范执政风险的基本对策。这就是，继续坚持以经济建设为中心，把发展作为党执政兴国的第一要务，大力发展生产力，为防范执政风险奠定坚实的经济基础；继续加强社会主义民主政治建设，为防范执政风险奠定政治基础；继续加强社会主义精神文明建设，为防范执政风险提供深厚的思想基础。在这之中，最为突出的是聚精会神地抓执政党的自身建设，为防范执政风险提供坚强的组织保证。而抓党的自身建设方面，最为集中最具特色的主要是以下几点：

（一）以“三个代表”重要思想为指导

江泽民认为，在实行改革开放和发展社会主义市场经济的条件下，“建设一个什么样的党、怎样建设党”，是一个重大的现实问题，直接关系我们党和国家的前途命运。经过长时期的思考，

2000年2月，江泽民在广东考察时提出“三个代表”重要思想。他认为，我们要坚持毛泽东、邓小平关于党的建设的理论和一系列重要思想，集中起来最重要的，就是要在思想上和行动上坚持“三个代表”。从2000年初到2002年十六大的三年内，江泽民在一系列重大场合反复论述“三个代表”，在这基础上，中共十六大修改党章，把“三个代表”重要思想与马克思列宁主义、毛泽东思想、邓小平理论一道共同作为党的指导思想。“三个代表”重要思想为21世纪中国共产党的建设指明了方向。江泽民要求全党以“三个代表”重要思想为指导，不断深化对共产党执政规律、社会主义建设规律和人类社会发展规律的认识。

（二）以改革创新为动力

江泽民认为，在新的历史条件下加强和改进党的建设，必须坚持解放思想、实事求是的思想路线，做到与时俱进、开拓进取。江泽民要求全党同志一定要看到《共产党宣言》发表多年来世界政治、经济、文化、科技等发生的重大变化，一定要看到我国社会主义建设发生的重大变化，一定要看到广大党员干部和人民群众工作、生活条件和社会环境发生的重大变化，一定要充分估计这些变化对我们党执政提出的严峻挑战和崭新课题。为此，江泽民提出以改革创新的精神来推进执政党的建设。他于2002年在党的十六大报告中指出：“贯彻‘三个代表’重要思想，必须以改革的精神推进党的建设，不断为党的肌体注入新的活力。”他还认为，坚持用时代发展的要求审视自己，以改革的精神加强和完善自己，这是我们党始终保持马克思主义政党本色，永不脱离群众和具有蓬勃活力的根本保证。我们党以“三个代表”重要思想为指导，不断推动理论创新、制度创新、科技创新、文化创新和其他方面的创新。

（三）以党要管党、从严治党为方针

江泽民指出："历史和现实都表明，执政党的建设和管理，比没有执政的政党要艰难得多。"为此，江泽民鲜明地提出要坚持党要管党、从严治党的方针。

第一，关于从严治党的重要性和紧迫性。2000 年 1 月，江泽民在中纪委五次全会上作题为《治国必先治党，治党务必从严》的讲话，提出要充分认识新形势下从严治党的重大意义。他从三个方面进行阐述：一是从历史上看，从严治党是我们党的优良传统和宝贵经验，也是我们党的一贯方针；二是从性质上看，中国共产党是领导建设有中国特色社会主义伟大事业的核心力量，工农兵学商，党是领导一切的，治党始终坚强有力，治国必会正确有效；三是从党的现实看，党内也经常产生一些不容忽视的问题。江泽民认为，解决这些问题，需要从思想、政治、作风、纪律和组织、制度上全面推进党的建设新的伟大工程。而这种全面推进，又始终离不开坚持从严治党的方针。

第二，关于从严治党方针的落实。落实从严治党的方针，不是一时一事的要求，必须全面贯穿于党的思想、政治、组织、作风、纪律和制度建设的各个方面工作，切实体现到各级党组织，广大党员和干部进行教育、管理、监督等各个环节中去。江泽民重申 1997 年十五大关于落实从严治党的五条要求，即要严格按党章办事，按党的制度和规定办事；要对党员特别是领导干部严格要求，严格管理，严格监督；要在党的生活中讲党性，讲原则，开展积极的思想斗争，弘扬正气，反对歪风；要严格执行党的纪律，坚持在纪律面前人人平等。江泽民还强调，在从严治党中，首先要治理好领导班子和领导干部，只有把这个关键抓住了、抓好了，才能在下级、在基层、在群众中有说服力。江泽民指出："一个执政党，如果管不住、治理不好领导班子和领导干部，后果不堪设想。历史上的腐败现象，为害最烈的是吏治的腐败。”为此，江泽民对领导干部进一步强调四个要求：（1）对领导干部一定要严格要求、严格教育；（2）对领导干部的选拔任用一定要严格把关；（3）对领导干部一定要严格监督；（4）对领导干部中发生的违纪违法行为一定要严肃查处。

（四）以建设高素质干部队伍为关键

江泽民上任伊始就重视干部队伍建设与党的执政地位的关系。1989 年 12 月指出：“保证党和国家的各级领导权由忠诚于马克思主义的人来掌握，是一个至为重要的战略问题，直接关系到党和国家的盛衰兴亡。”江泽民认为，历史和现实都表明，一个政党、一个国家，能不能不断培养出优秀的领导人才，在很大程度上决定着这个政党、这个国家的兴衰存亡。2000 年 6 月指出：“中国的社会主义事业能不能巩固和发展下去，中国能不能在未来激烈的国际竞争中始终强盛不衰，关键就要看我们党能不能不断培养造就一大批高素质的领导人才。如果这个问题解决得不好，我们就难以在新世纪里经受各种风险的考验，难以实现党和国家既定的奋斗目标。”在这里，江泽民把培养高素质领导人才的问题与防范执政风险问题紧紧联系在一起。江泽民也同时清醒地看到，在我们的干部队伍中，确有相当一部分同志的素质特别是思想政治素质不适应党的事业的要求。为此，他告诫：“要保证党和国家的长治久安，严重的问题在于教育干部。”关于干部的教育，江泽民认为要以高素质作为标尺。关于“高素质”的内涵，江泽民 1996 年 6 月提了五个方面的要求：（1）要有远大的共产主义理想，坚持正确的政治方向；（2）努力实践党的全心全意为人民服务的宗旨；（3）解放思想，实事求是，一切从实际出发；（4）模范遵纪守法，保持清正廉洁；（5）刻苦学习，勤奋敬业。

在建设高素质干部队伍的过程中，江泽民又特别重视中青年领导干部的选拔和培养问题。关于中青年领导干部，江泽民首先注重他们的思想政治素质，用“新一代政治家”的标准来衡量。他认为：“建设好我们的党，首先要提高党的各级领导干部的思想政治素质，特别是要努力提高中青年领导干部的思想政治素质，使之成为忠诚于马克思主义、坚持走中国特色社会主义道路、会治党治国的新一代政治家。”为此，对中青年领导干部的培养，要从四个方面着力：一是加强党性教育；二是拓宽视野；三是培养战略思维能力；四是提高理论素养。在这之中，江泽民又特别突出加强党性修养，坚持共产党人的革命气节。他要求领导干部要坚持说老实话、办老实事、做老实人，坚持自重、自省、自警、自律。他郑重要求每一个领导干部都应该做到三个想一想，参加革命是为什么？现在当官应该做什么？将来身后应该留点什么？把这些问题想清楚了，想正确了，我们就能做到一身正气，堂堂正正。从而更好地为党的事业多作贡献。

（五）以提高党的执政能力为重点

江泽民上任伊始，在抓党的建设中就把党的执政地位与执政能力、执政本领紧密联系起来思考。1989 年 12 月他指出：“我们的党是执政的党，党的领导要通过执政来体现。我们必须强化执政意识，提高执政本领。”在以后一系列讲话中，江泽民的这一思想逐步发展和深化。1993 年 11 月他在学习《邓小平文选》第三卷报告会上指出：“要担负起这样的历史重任，就要提高各级领导干部的理论素养，提高我们党的执政本领、建设本领和治国本领。”把党的执政与现代化建设和国家的治理紧密结合起来。1994 年 9 月，江泽民主持中共十四届四中全会通过《关于加强党的建设几个重大问题的决定》，其中明确提出：“我们党作为执政党，肩负着历史的重任，经受着时代的考验，必须加强自身建设，不断提高领导水平和执政水平。”1997 年 9 月，江泽民在党的十五大政治报告中提出党的建设中的两大历史性课题，即“不断提高领导水平和执政水平，不断增强拒腐防变的能力”。2001 年 5 月，江泽民在安徽考察工作时讲话的题目就是《努力提高党的领导水平和执政能力》，这是江泽民第一次明确提出“执政能力”这个概念。从“执政本领”，到“执政水平”，再到“执政能力”，表明认识在不断深化。2001 年“七一”讲话，江泽民再次提到党的建设的两大历史性课题。

江泽民关于执政能力建设的思想，在中国共产党的历史上具有重要的地位。两年以后，2004 年 9 月中共十六届四中全会专门作出了《中共中央关于加强党的执政能力建设的决定》，全面阐述和规定了执政能力建设时代背景、历史地位、指导原则、指导思想、总体目标和主要任务，把执政能力建设问题提高到一个新的高度，也为中共在 21 世纪有效防范执政风险指明了方向。

（陈小林：井冈山大学党委常委、副校长）

保持革命气节，就要做到无论在何种情况下都忠诚于党和人民的事业，不改变革命的初衷，不丧失必胜的信心；不怕鬼，不信邪，坚持真理，维护党的原则，旗帜鲜明地同各种错误思想、不良倾向和邪恶势力作斗争；坚持廉洁奉公、艰苦奋斗，在拜金主义、享乐主义、极端个人主义和灯红酒绿的侵蚀和影响面前，一尘不染，正气凛然。

——江泽民：《“三讲”教育是加强党的建设的新探索》（1999 年 6 月 28 日）

胡锦涛关于掌握意识形态工作领导权和主动权思想述论

武志军

意识形态工作是我们党的一项十分重要的工作。我们党历来重视意识形态工作。党的十六大以后，在坚持中国特色社会主义、全面建设小康社会的历史新阶段，胡锦涛就掌握意识形态工作领导权和主动权问题，作出一系列重要论述。

第一，明确提出要牢牢掌握意识形态工作领导权和主动权。马克思主义认为，意识形态是与经济形态、政治形态相对应，反映一定社会的政治和经济、代表一定阶级或社会集团利益和要求的思想体系；意识形态具有鲜明的阶级性，是一种强大的精神力量，能够支配人们的行动，对政治和经济产生巨大的影响和作用。在全面建设小康社会的历史新阶段，胡锦涛深刻指出："经验告诉我们，经济工作搞不好要出大问题，意识形态工作搞不好也要出大问题。"这是从党和国家发展的实际出发，对意识形态工作重要性作出的科学论断，表明意识形态工作事关我们党和国家的前途命运和长治久安，在党和人民事业全局中具有不可替代的重要地位和作用。

党的十六大以后，我国意识形态领域总体态势是好的，但也绝不平静。一方面，由于国际敌对势力对我西化、分化的图谋和国内的一些噪音杂音。另一方面，随着我国国际交往日益广泛深入，人们的独立性、差异性明显增强，正确与错误、先进与落后、主流与非主流思想认识相互交织。从而决定了我国意识形态形势的复杂性和意识形态领域斗争的长期性和艰巨性。为此，胡锦涛严肃指出："各级党委和各级领导干部特别是主要负责同志都要从提高党的执政能力、巩固党的执政地位、完成党的执政使命的战略高度来谋划意识形态工作，加强和改进对意识形态工作的领导，提高做好新形势下意识形态工作能力，牢牢掌握意识形态工作领导权和主动权。"这一论述深谋远虑，从战略高度为新形势下做好党的意识形态工作指明了方向。告诉我们，在聚精会神搞建设、努力做好经济工作的同时，要牢牢掌握意识形态工作的领导权和主动权，扎实做好意识形态工作。要深入研究，高度警惕，坚决反对敌对势力的鼓噪和国内的各种噪音杂音，自觉抵制和克服各种消极颓废的思想潮流，团结带领全国人民坚定中国特色社会主义理想信念，坚定不移走中国特色社会主义道路，在中华民族伟大复兴的历程中不断夺取新胜利。

第二，强调要巩固和发展马克思主义在意识形态领域的指导地位。胡锦涛指出："西方敌对势力的鼓噪，国内的各种噪音杂音，不仅过去有，现在有，将来也还会有。关键是我们自己要有主心骨，要巩固和发展马克思主义在意识形态领域的指导地位。"指明掌握意识形态工作的领导权和主动权，关键是要巩固和发展马克思主义在意识形态领域的指导地位。马克思主义是放之四海而皆准的普遍真理，是科学的世界观和方法论，是我们立党立国的根本指导思想，是我们始终沿着正确方向前进的根本思想保证，也是我们战胜艰难险阻、抵御错误思想干扰的强大思想武器。巩固和发展马克思主义在意识形态领域的指导地位，就要坚持马克思主义理论指导，坚持不懈地用马克思主义理论武装全党、教育人民，使之入心入脑，转化为广大干部群众的自觉行动。就要坚持理论联系实际，深入学习马克思主义中国化的最新理论成果，深刻领会其中所包含的新思想、新观点、新论断，深刻领会其中贯穿的马克思主义立场观点方法，提高运用马克思主义解决实际问题的能力，做到学用相长，有的放矢。就要高度重视马克思主义理论研究和建设，坚持理论和实际相结合，坚持深化和宣传普及相结合，认真研究解答关乎党和人民事业发展全局的重大战略问题，研究解答广大干部群众普遍关心的思想认识问题，释疑解惑，辩驳明理，为改革开放和现代化建设提供有力的思想理论指导。就要从面向未来的高度，认真抓好广大青年的马克思主义理论学习，让青年人深入了解和相信马克思主义，树立对马克思主义的坚定信仰。

第三，提出要提高舆论引导能力，有效引导社会舆论。现代科技的飞速发展使得信息传播渠道、传播速度和传播领域都发生了巨大变化，由此给我国社会舆论环境和舆论格局带来深刻影响。在这种情况下，能否有效引导社会舆论成为我们党宣传思想工作的重要任务，也成为我们党掌握意识形态工作领导权和主动权的重要方面。胡锦涛多次强调，要“提高舆论引导能力”，并对如何提高舆论引导能力问题作出深入阐述。胡锦涛说：提高舆论引导能力，就要不断增强把握正确舆论导向的自觉性，坚持正面宣传为主，唱响主旋律，打好主动仗；要坚持用党的基本理论、基本路线宣传教育广大干部群众，用一切积极向上、有益于人们身心健康的精神产品占领思想文化阵地，大力弘扬社会正气和时代精神；要坚持从实际出发，研究新情况，解决新问题，增强舆论引导的原则性和预见性，始终坚持正确方向，对于错误的倾向和苗头，要见微知著、未雨绸缪，立场坚定、旗帜鲜明，通过摆事实、讲道理，开展积极的思想斗争，教育引导干部群众克服和抵制各种错误的东西。胡锦涛还说：“提高舆论引导能力，不仅需要显著增强把握正确导向的自觉性，而且需要显著提高舆论引导的有效性”，“要善于把握新闻传播规律”。“要深入研究网上舆论引导的特点和规律，及时掌握、深入研究、准确判断网上舆情”，“加强网上思想舆论阵地建设”，“牢牢把握网上舆论制高点”。要求我们要深入研究新形势下广大受众群体的心理特点和接受程度，充分考虑人们普遍的关注点和兴奋点，在做好大众传播、加强信息服务中开展思想教育，积极主动引导社会热点，在同广大群众的交流互动中形成社会共识，以更好坚定马克思主义信仰，牢固树立中国特色社会主义共同理想，大力弘扬以爱国主义为核心的民族精神和以改革创新为核心的时代精神，培育和弘扬社会主义核心价值观；要从社会舆论多层次的实际出发，以党报党刊、电台电视台为主，充分运用都市类媒体、网络媒体等多种传媒资源，努力构建定位明确、特色鲜明、功能互补、覆盖广泛的舆论引导格局。这些论述，是从新的舆论宣传实际出发，对党的意识形态工作提出的明确要求，为有效引导社会舆论提供了重要指导。

第四，提出重视和加强管理，坚决维护意识形态安全。胡锦涛说：“重视和加强管理是维护意识形态安全的重要保证。”并说：“对错误的思想言论绝不能听之任之，对腐朽没落的思想文化绝不能任其泛滥。”明确指出加强管理对做好党的意识形态工作的重要意义，并阐明了意识形态管理工作的主要内容。胡锦涛还立足不断变化的新情况，提出加强意识形态领域管理的总体思路和具体措施，指出要按照谁主管、谁负责和属地化管理的原则，认真落实管理责任和工作要求；要建立健全意识形态管理体系，改进管理方式，提高管理水平，综合运用法律、行政、经济、科技等手段，实行科学管理、依法管理；要加强涉及意识形态工作的立法，尽快建立健全相关法律法规；要提高技术防范能力，善于在宣传思想工作中运用科学技术的最新成果；要建立和不断完善舆情信息工作机制，及时发现和反映社会上存在的倾向性、苗头性问题，有的放矢地开展工作；要密切关注敌对势力对我国意识形态领域进行的各种渗透活动，坚决有效地加以预防和应对。

互联网深刻影响了人们的生产生活方式，深刻影响了人们的思维方式和思想观念，互联网既给我们宣传党的理论和路线方针政策带来了便利，同时也使我国意识形态领域多元多样多变的特点进一步凸显。事实上，互联网已经成为意识形态较量与斗争的一个重要战场。胡锦涛特别强调了加强互联网管理的问题。指出：要“一手抓发展、一手抓管理”，“要综合运用法律、行政、经济、技术、思想教育、行业自律等手段，提高网络管理水平，加强对互联网的管理”，等等，以加快形成健康有序的互联网信息传播秩序。

此外，胡锦涛还反复强调要加强意识形态工作队伍的建设。无论干什么事，人都是最重要的因素。坚持党对意识形态工作的领导权和主动权，做好党的意识形态工作，归根到底还是要靠人、靠队伍。胡锦涛指出：“要根据新形势新任务要求，建设一支高素质宣传思想工作队伍。”提出要坚持党管人才的原则，着力培养一批熟悉意识形态工作的、能够驾驭复杂局面的优秀人才；要以思想政治建设为重点，坚持德才兼备，注重政治素质，配备好宣传思想战线各级领导班子，确保领导权牢牢掌握在忠于马克思主义、忠于党、忠于人民的人手中；要切实加强马克思主义理论队伍和哲学社会科学队伍建设，做好知识分子工作，积极主动地和思想文化界的专家学者交朋友，在思想、政治、工作、生活等各个方面关心广大知识分子，使广大知识分子积极认同和传播我国主流意识形态，自觉投身社会主义先进文化建设。

综上所述，胡锦涛关于掌握意识形态工作领导权和主动权的重要论述，内容丰富、思想深刻，是对我们党领导意识形态工作的历史经验和新鲜经验的深刻总结。认真学习这些重要论述，有助于我们深化对做好党的意识形态工作的认识，对我们牢牢掌握意识形态工作的领导权和主动权，做好新形势下的意识形态工作，具有重要的理论意义和现实指导意义。

（武志军：中共中央党史和文献研究院第三研究部二级巡视员）

和谐需要通过对话和合作来创造，也需要通过必要的斗争来推进。对于损害我国主权、安全、发展利益的行径，对于损害世界各国人民共同利益的行径，必须坚持原则，坚决斗争。当然，斗争要讲求方式方法，要把原则的坚定性和政策的灵活性有机结合起来，坚持有理有利有节，最大限度维护我国根本利益。

——胡锦涛:《国际形势和外事工作》(2006 年 8 月 21 日)

习近平关于新时代伟大斗争重要论述*

王文东

一、习近平关于伟大斗争必要性的论述

我国改革开放进入深水区和攻坚期，风险挑战呈现复杂严峻多变态势，在新的时代和历史条件下，习近平总书记提出伟大斗争理论，既有重要的理论价值，也具有重大的实践意义。

（一）是继续推进改革开放的需要

改革已经进入深水区和攻坚期，“是一个船到中流浪更急、人到半山路更陡的时候，是一个愈进愈难、愈进愈险而又不进则退、非进不可的时候”。按照习近平总书记的分析，容易的、皆大欢喜的改革已经完成了，好吃的肉都吃掉了，剩下的都是难啃的硬骨头。因此，他在 2019 年秋季学期中央党校（国家行政学院）青年干部培训班开班式上发表重要讲话时强调：“当今世界正处于百年未有之大变局，我们党领导的伟大斗争、伟大工程、伟大事业、伟大梦想正在如火如荼进行，改革发展稳定任务艰巨繁重，我们

---

* 节选自《天水师范学院学报》2021 年第 3 期，原文题为《习近平关于新时代伟大斗争重要论述的出场逻辑及其基本内容》。

面临着难得的历史机遇，也面临着一系列重大风险考验。胜利实现我们党确定的目标任务，必须发扬斗争精神，增强斗争本领。”现阶段的改革绝不是轻轻松松、敲锣打鼓就能实现的。要继续深化改革、扩大开放，中间的艰难险阻、急流暗堡、问题困难是可想而知的，这就要求必须同阻碍改革开放的一切不利因素进行斗争，在斗争中持续推进改革开放。

（二）是化解重大风险考验的需要

党的十九大报告指出：“社会是在矛盾运动中前进的，有矛盾就会有斗争。我们党要团结带领人民有效应对重大挑战、抵御重大风险、克服重大阻力、解决重大矛盾，必须进行具有许多新的历史特点的伟大斗争。”世界全面进入高度全球化的今天，各种风险叠加，随时会产生“蝴蝶效应”波及全球，风险的频次、强度、危害度不断加大，但风险、考验和挑战不会自动消失，我们要学会并善于认知、应对和化解风险。正因为高风险社会扑面而来，2019 年 1 月 21 日，习近平总书记在省部级主要领导干部坚持底线思维着力防范化解重大风险专题研讨班开班式上发表重要讲话，强调领导干部要保持斗争精神，锤炼斗争本领，掌握斗争方法，通晓斗争艺术，践悟斗争智慧，要“以‘踏平坎坷成大道，斗罢艰险又出发’的顽强意志，应对好每一场重大风险挑战，切实把改革发展稳定各项工作做实做好”。在中国特色社会主义建设进入新时代，应对国际国内各种风险考验，应对解决诸如灰犀牛事件、黑天鹅事件、塔西佗陷阱、修昔底德陷阱等，克服各个领域的发展阻力，解决各种复杂矛盾，需要我们善于开展伟大斗争。

（三）是中国共产党自我净化的需要

习近平总书记面对当前党内出现的消极腐败现象，分析指出："新形势下，我们党面临着许多严峻挑战，党内存在着许多亟待解决的问题。尤其是一些党员干部中发生的贪污腐败、脱离群众、形式主义、官僚主义等问题，必须下大气力解决。全党必须警醒起来。"没有规矩不成方圆，在各种西方社会思潮的影响下，在社会主义市场经济大潮中，我们党内也出现了较为严重的腐败问题，形式主义、官僚主义、享乐主义也不时抬头，严重危及党的长期执政。党的十八大以来，在以习近平同志为核心的党中央的坚强领导下，以前所未有的斗争勇气和政治智慧大力推进党的建设，反腐败取得压倒性胜利，这是在伟大斗争中取得的。实践证明，党的自身建设需要刀刃向内的勇气和自我革命的斗争精神，只有这样，才能永葆党的先进性和纯洁性，才能在中国共产党的领导下全面实现中华民族的伟大复兴。

（四）是实现百年奋斗目标的需要

在党的十八大报告中，胡锦涛指出："发展中国特色社会主义是一项长期的艰巨的历史任务，必须准备进行具有许多新的历史特点的伟大斗争。"之后，习近平总书记多次告诫我们："中华民族伟大复兴，绝不是轻轻松松、敲锣打鼓就能实现的，实现伟大梦想必须进行伟大斗争。"他强调："在前进道路上我们面临的风险考验只会越来越复杂，甚至会遇到难以想象的惊涛骇浪。我们面临的各种斗争不是短期的而是长期的，至少要伴随我们实现第二个百年奋斗目标全过程。"实践证明，民族复兴和人民幸福目标的实现不是轻而易举的，也不是一帆风顺的，必须在斗争中积极争取。人类几千年的文明史也充分证明了敢于斗争、善于斗争和不懈斗争的民族，才有光明的前景，才能使文明的灵魂得以保存和延续。相反，不愿斗争和不善于斗争的民族，要么被其他民族消灭，要么就淹没在历史的长河中。中华民族的伟大复兴不是一件容易的事。我们只有以大无畏的斗争勇气积极进行斗争，才能在“狭路”和“荆棘”中开辟出一条民族复兴和人民幸福的康庄大道。

二、习近平关于斗争内容的论述

习近平总书记站在为中国人民谋幸福、为中华民族谋复兴的伟大历史高度，提出了进行伟大斗争的命题，系统回答了斗争方向、斗争主体、斗争对象和斗争方法等一系列问题，形成了对伟大斗争的系统论述。

（一）关于斗争方向的论述

习近平总书记在2019年秋季学期中央党校（国家行政学院）中青年干部培训班的讲话中以“五个凡是”总结了主要开展哪些方面的斗争，他特别强调：“共产党人的斗争是有方向、有立场、有原则的，大方向就是坚持中国共产党领导和我国社会主义制度不动摇。”中国特色社会主义最大的优势和最本质的特征就是中国共产党的领导，中国共产党的领导是坚持走中国特色社会主义道路的前提和基础，没有中国共产党的领导就没有社会主义制度，这才是方向和根本，一切斗争都要围绕这个主方向和着力点。

（二）关于斗争主体的论述

马克思主义坚持历史是人民群众创造的，人民才是历史的真正主人。坚持人民性是中国共产党人的基本立场和根本出发点，也是习近平新时代中国特色社会主义思想的鲜明特点。我们党长期以来制胜的法宝之一就是坚持群众路线，我们党的执政之基就是依靠广大人民群众，所以，进行伟大斗争必须紧紧依靠广大人民群众。要正确处理共产党人和人民群众的关系，中国共产党是由中国人民中的先进分子组成的，是中国先进生产力的发展要求、中国先进文化的前进方向、中国最广大人民的根本利益的代表，二者是鱼和水的关系。“正确的路线确定之后，干部就是决定的因素。”干部就是进行伟大斗争的“关键少数”。毛泽东指出：“要造就一大批人，这些人是革命的先锋队。这些人具有政治远见。这些人充满着斗争精神和牺牲精神。”他们是敢于斗争和善于斗争的急先锋，能认识到斗争的条件和掌握斗争的规律。为此，就要积极培养领导干部的斗争意识和斗争精神，使其掌握斗争的主动权。当然，要使斗争取得最终的全面的胜利，仍要依靠广大人民群众，只有赢得人民群众的支持，我们才能在同西方各种敌对势力及其各种风险考验的斗争中取得伟大胜利。斗争主体不是凭空形成的，也不是天生就善于、敢于和勇于进行斗争的，要在斗争中取胜还必须培养和造就一定的精神、本领和意志，掌握一定的斗争方法和斗争艺术。

一是要树立斗争精神。精神的力量是无穷的。在中国共产党领导的革命实践中形成的红船精神、井冈山精神、长征精神、延安精神、西柏坡精神，及在社会主义建设实践中形成的大庆精神、焦裕禄精神、红旗渠精神、雷锋精神、“两弹一星”精神、载人航天精神等斗争精神，都形成了强大的力量，激励着一代代志士仁人不懈奋斗，夺取一个又一个胜利。新时代，我们要在世界百年未有之大变局中赢得主动，夺取斗争的伟大胜利，必须牢固树立斗争精神，要有“为有牺牲多壮志，敢教日月换新天”的斗争豪情，要有“明知山有虎，偏向虎山行”的斗争胆识和充沛顽强的斗争精神。

二是磨砺斗争意志。意志是决定达到某种目的而产生的心理状态，坚强的、积极的意志是实现目标最为关键的内在因素。人类在前进的途中，不是任何时候都具有斗争精神，不是在任何条件下都具有斗争意志，“斗争精神的激发与所处环境有一定的联系，环境越恶劣，内心的诉求就越强烈”。中国共产党领导的新民主主义革命和社会主义革命，可以说，每一次战争、每一个重大事件和每一场斗争都是以钢铁般的意志战胜艰难险阻、克服重重困难的经典教科书，都书写了一部部磨砺意志、战胜困难的壮丽诗篇。面对国内外复杂多变和异常艰险的斗争形势和风险考验，习近平总书记告诫广大党员干部要拥有“踏平坎坷成大道，斗罢艰险又出发”的顽强斗争意志，在斗争中磨砺成长成熟。

三是锤炼斗争本领。人的斗争本领不是与生俱来的，而是在实践中锻炼和历练出来的。习近平总书记反复强调，领导干部要注重提升专业能力，“加快知识更新、加强实践锻炼，使专业素养和工作能力跟上时代节拍，避免少知而迷、无知而乱，努力成为做好工作的行家里手”，练就“金刚不坏之身”的斗争本领。我们要按照习近平总书记的要求，做好“经济上、政治上、文化上、社会上、外交上、军事上各种斗争的准备，层层负责、人人担当”，在学习、工作和实践中增强斗争本领，这是斗争必胜的基础和前提。马克思倡导“一个行动胜过一打纲领”，陆游说“绝知此事要躬行”，毛泽东提醒我们要“实事求是，力戒空谈”，习近平总书记告诫全党“空谈误国，实干兴邦”，都说明了在实践中才能认知事物的本质，才能增强本领，才能实现斗争目的，取得斗争胜利。

（三）关于斗争对象的论述

辩证唯物主义矛盾规律告诉我们，事事有矛盾、时时有矛盾，矛盾无处不在、无时不有。矛盾即对立统一，矛盾既有斗争性又有同一性，斗争性或对立性是矛盾的根本属性，普遍性和特殊性是矛盾的精髓；矛盾发展具有不平衡性，在复杂的矛盾中有主要矛盾和次要矛盾，在同一矛盾中又分为主次方面。但是对于一个国家、一个政党来说，我们只有善于抓主要矛盾和矛盾的主要方面，善于抓关键和关节点，才能取得“四两拨千斤”的斗争成效。因此，弄清斗争对象极为重要。在党的十九大报告中，习近平总书记明确了进行伟大斗争要做到“五个坚决”，即坚决反对一切削弱、歪曲、否定党的领导和我国社会主义制度的言行；坚决反对一切损害人民利益、脱离群众的行为；坚决破除一切顽瘴痼疾；坚决反对一切分裂祖国、破坏民族团结和社会和谐稳定的行为；坚决战胜一切在政治、经济、文化、社会等领域和自然界出现的困难和挑战。这五个坚决就是我们当前和今后一个时期斗争的主要领域。其中，“同削弱、歪曲、否定党的领导和我国社会主义制度的言行进行斗争”又是斗争的主要方面。

一是同削弱、歪曲、否定党的领导和我国社会主义制度的言行进行斗争。中国特色社会主义最本质的特征是中国共产党的领导，中国特色社会主义制度的最大优势是中国共产党的领导。坚持党的领导，是当代中国的最高政治原则，是实现中华民族伟大复兴和人民幸福的关键所在。坚持党的领导也是坚持走中国特色社会主义道路和社会主义制度的根本前提。只有坚持好党的领导，才能实现中国特色社会主义伟大事业，成就中华民族复兴的伟大梦想，取得新的历史特点伟大斗争的全面胜利，才能巩固和发展中国特色社会主义。但是，自柏林墙倒塌、苏联解体、东欧剧变之后，西方敌对势力就不断发起颠覆中国共产党领导的行动，通过各种方式渗透、虚化和分化我国，试图通过颜色革命、意识形态的渗透颠覆我们党的领导。因此，今天，同各种敌对势力进行斗争的焦点和核心就是要始终坚决拥护中国共产党的领导，为此，当前最为关键的就是要树牢“四个意识”，坚定“四个自信”，做到“两个维护”，这对我们来说尤为迫切和重要。

二是同一切损害人民利益、脱离群众的行为进行斗争。随着社会主义市场经济的纵深发展，受各种利益因素的诱惑和影响，党内部分干部损害人民群众利益的行为时有发生，直接影响到党群关系和干群关系。习近平总书记指出：“新形势下，我们党面临着许多严峻挑战，党内存在着许多亟待解决的问题。尤其是一些党员干部中发生的贪污腐败、脱离群众、形式主义、官僚主义等问题，必须下大力气解决。”我们要时刻在铸魂的同时注意蛀虫的侵蚀，必须敢于同损害人民群众利益和脱离群众的行为进行斗争，防止“千里之堤溃于蚁穴”现象的发生。

三是同一切顽瘴痼疾进行斗争。习近平总书记指出，改革已经进入深水区和攻坚期，“是一个船到中流浪更急、人到半山路更陡的时候，是一个愈进愈难、愈进愈险而又不进则退、非进不可的时候”。改革开放以来，尽管我们解放思想，实事求是，从实际出发，但在改革开放的过程中，存在“鱼龙混杂、泥沙俱下”的情形，在各个领域都不同程度地积习了一些顽瘴痼疾，成为推动改革和高质量发展的制约因素。如果我们不及时加以破除，不坚决予以纠正，就会进一步影响改革开放的持续推进，影响伟大事业的顺利进行，阻碍伟大梦想的实现。

四是同一切分裂祖国、破坏民族团结和社会和谐稳定的行为进行斗争。当前，在西方敌对势力的渗透和插手下，“藏独”“疆独”“港独”“台独”等分裂势力甚嚣尘上，严重破坏祖国统一和民族团结，破坏社会稳定和国家的长治久安，引发民族矛盾和暴力冲突，给国家和人民的生命财产安全造成严重危害。如果不坚决予以斗争，将直接影响社会和谐稳定，影响国家的长治久安，影响祖国的统一。

五是同一切在政治、经济、文化、社会等领域和自然界出现的困难和挑战进行斗争。我国发展正处于百年未有之大变局的历史关节点，逆全球化浪潮、世界经济的南升北降、西方文明优越论逐渐衰微、政治格局向多极化均衡化转变、发展中国家在全球治理体系的作用加大，以及生态安全、环境安全、粮食安全、能源危机、高科技风险、气候变暖、恐怖主义、核危机等，都成为影响发展的不确定因素和风险考验。国内，“我国经济已由高速增长阶段转向高质量发展阶段”，同时面临防范化解重大风险、精准脱贫和污染防治三大攻坚战，我们的发展既迎来前所未有的机遇，也面临更为复杂的困难和挑战。内外出现的困难和挑战影响和制约着我国的发展，需要我们与其进行持续的斗争，以化解危机和挑战，为发展赢得主动和积聚力量。

同时，我们还要善于同“好人主义”和“差不多先生”进行斗争。正如习近平总书记所说：“好人主义盛行，有问题不指出，有过错不批评，这种庸俗作风盛行之处，往往就是党组织和领导上政治软弱、作风涣散的地方，就是党员、干部中出问题多的地方。”可以说，当睁一只眼闭一只眼的“差不多先生”，还是做敢于亮剑勇于斗争的“啄木鸟先生”，不仅是作风问题，更关乎党性原则。正如习近平总书记强调的，“你在消极腐败现象面前当好人，在党和人民面前就当不成好人，二者不可兼得”。要坚决反对“明知不对少说为佳”和“事不关己，高高挂起”的庸俗哲学，杜绝“多栽花少栽刺”的好人主义思想。

（四）关于斗争方法的论述

习近平总书记从方法论的高度提出了一系列斗争策略、艺术、方式和路径，为我们开展斗争提供了方法论的指导。

一是要保持斗争定力。习近平总书记强调，在复杂的局势中要有“乱云飞渡仍从容”和“敌军围困千万重，我自岿然不动”的政治定力，要有“不管风吹浪打，胜似闲庭信步”的斗争信心，要面对国际国内斗争形势洞若观火，做到“不畏浮云遮望眼”。只有保持斗争定力，才不至于“乱花渐欲迷人眼”，才能洞悉对方企图，抓住根本，赢得主动，才能盯紧对方“七寸”，一招击中要害。

二是对斗争形势要有预判能力。习近平总书记指出，领导干部“要有草摇叶响知鹿过、松风一起知虎来、一叶易色而知天下秋的见微知著能力”，要善于“振叶以寻根，观澜而索源”，要意识到斗争的条件，把握斗争的规律，掌握斗争的主动权，做到“眼中形势胸中策”，正如我国古代著名军事家孙子所指出的那样，“夫未战而庙算胜者，得算多也；未战而庙算不胜者，得算少也”。科学的预判是斗争取胜的前提，只有在认识上明晰，把握斗争的趋向，做到胸中有数，才能提前点兵布阵，完胜斗争。相反，没有精准的预判，犹如“盲人摸象”，对斗争的各种客观形势缺乏认知和把握，不了解斗争的对象和条件，不能知晓斗争的发展方向，就很难在斗争中获胜。

三是掌握斗争艺术。毛泽东指出：“我们一定要讲究工作方法”，“倘若无产阶级政党的斗争策略是错误的，或者是动摇犹豫的，那么，革命就非走向暂时的失败不可。”习近平总书记也强调：“斗争是一门艺术，要善于斗争。”在斗争中要善用巧力，善于借力，做到“四两拨千斤”。既要做充分准备，又要积极主动，“既要打好防范和抵御风险的有准备之战，也要打好化险为夷、转危为机的战略主动战”。掌握斗争艺术能使我们在斗争中做到“事半功倍”，花很少的代价实现结果效益的最大化。在斗争史上，诸如官渡之战、淝水之战、赤壁之战和巨鹿之战等以少胜多的军事斗争，就是掌握斗争方法的生动写照；毛泽东在大革命时期总结的游击战争规律，在抗战时期的论持久战和地道战，解放战争时期的“三大战役”及关于“一切反动派都是纸老虎”的论断等，都是毛泽东高超斗争艺术的典范。实践证明，只有掌握正确的斗争方法，拥有高超的斗争艺术，才能在各种复杂的斗争中夺取胜利。

四是要善于抓重点和关键。目前我们面临的斗争形势是复杂的，斗争领域是全方位的，既有国际斗争，又有国内斗争，既有经济、政治、文化、社会、生态、安全、国防、军事、外交等领域的斗争，又有党的建设和作风领域的斗争。在错综复杂的斗争形势中，我们要善于抓矛盾的主要方面，特别是同削弱、歪曲、否定党的领导和我国社会主义制度的言行进行斗争，这是主要的、关键的。坚持党的领导，确保党的领导核心地位，首先要坚持党中央的集中统一领导，以保证正确方向、形成强大合力。只有坚持党的领导，树牢“四个意识”，坚定“四个自信”，做到“两个维护”，才能在错综复杂的斗争中取得决定性胜利。因此，对于否定、削弱、歪曲党的领导的言行，我们要做深层次的分析，要看到党的政治领导的重要性，要同削弱和否定、歪曲“两个维护”的言行作斗争。实际上，斗争的每个领域都存在矛盾的主次之分，我们要善于“举一纲而万目张，解一卷而众篇明”。

五是要立足长远。早在 1848 年，马克思恩格斯在《共产党宣言》中就阐明了坚持从长远开展斗争的重要性，指出“共产党人为工人阶级的最近目的和利益而斗争，但是他们在当前的运动中同时代表运动的未来”，决不能“为了眼前的暂时的利益而忘记根本大计，只图一时的成就而不顾后果，为了运动的现在而牺牲运动的未来”。习近平总书记指出：“我们面临的各种斗争不是短期的而是长期的，至少要伴随我们实现第二个百年奋斗目标全过程。”因此，开展伟大斗争不是权宜之计，也不是一朝一夕之事，而是实现中国特色社会主义伟大事业的长远之计。这就要求我们既要立足当前，又要放眼未来，既要立足实际，又要放眼全球，切不可为一时之快、贪一时之功、图一时之名、逞一时之能而毁民族复兴之百年大计和人民幸福之千秋大业。

（王文东：甘肃省陇南市委常委、宣传部部长）

面对新形势新挑战，要发扬斗争精神，既要敢于斗争，又要善于斗争，在事关中国特色社会主义前途命运的大是大非问题上坚定不移，在改革发展稳定工作中敢于碰硬，在全面从严治党上敢于动硬，在维护国家核心利益上敢于针锋相对，不在困难面前低头，不在挑战面前退缩，不拿原则做交易，不在任何压力下吞下损害中华民族根本利益的苦果。

——习近平：《牢固树立“四个意识”，维护党中央权威》

（2016 年 12 月 26 日、27 日）

论新时代进行伟大斗争的内涵、外延和战略思维*

陈锡喜

一、新时代进行伟大斗争的内涵

（一）关于马克思主义哲学层面上的“斗争”

黑格尔把自然和精神的历史描写为一个由概念的辩证发展所决定的不断运动、变化和发展的过程，而概念的发展又是由其本身包含的内在矛盾所决定的。马克思继承了黑格尔的这一辩证法思想，但是把概念的辩证法倒转过来，变成现实世界辩证运动的自觉的反映，从而在继承黑格尔关于矛盾是发展动力思想的基础上，把唯心主义辩证法转变为唯物主义辩证法。

列宁对事物的矛盾及其在事物发展中的地位作了精辟阐述：“统一物之分为两个部分以及对它的矛盾着的部分的认识，是辩证法的实质。”“对立面的统一（一致、同一、均势）是有条件的、暂时的、易逝的、相对的。相互排斥的对立面的斗争是绝对的。”“发展是对立面的‘斗争’。”这是“理解一切现存事物的

* 节选自《毛泽东邓小平理论研究》2021 年第 9 期。

‘自己运动’的钥匙”，即事物为什么由量变走向质变、为什么质变是向自己对立面转化的发展过程。

毛泽东在实现马克思主义中国化的过程中，崇尚中国古代“一分为二”这一朴素的辩证法思想并对其做了马克思主义的改造。他把“事物的矛盾法则，即对立统一的法则”视为“唯物辩证法的最根本的法则”，即“事物发展的根本原因，不是在事物的外部而是在事物的内部，在于事物内部的矛盾性”。并且他把作为思维方法的辩证法上升到“宇宙观”的高度。而所谓“对立统一”，就是“一切过程中矛盾着的各方面，本来是相互排斥、相互斗争、相互对立的”，但矛盾双方又因一定的条件“互相联结、互相贯通、互相渗透、互相依赖”乃至“互相转化”，这就是矛盾的绝对的斗争性和相对的同一性。

简言之，按马克思主义特别是中国化的话语体系，所谓斗争，是存在于自然、社会和思维发展根本动力中的绝对性因素，把这种宇宙观转化为方法论，就是看待事物的发展，要注重该事物内部存在的相互排斥的因素。至于“对抗”，则是“矛盾斗争的一种形式，而不是矛盾斗争的一切形式”。因此，从哲学层面上看，所谓“斗争哲学”，就是承认事物发展的根本动力在于矛盾，特别是事物内部各方面因素互相排斥的绝对性作用。以此观之，只要不把斗争简单等同于“对抗”，只要看事物内部相互排斥的因素不拘泥于“正反两个方面”，那么，马克思主义政党强调以矛盾的普遍性及其斗争性作为自己的哲学思维，应该是看待世界的客观精神。这就是斗争性在哲学层面的内涵。

（二）关于社会实践层面上的“斗争”

把斗争性这一客观精神转化为观察社会生活的思维方法，就构成看待社会实践的主观态度，正如习近平总书记所说，“社会是在矛盾运动中前进的，有矛盾就会有斗争”。社会历史的基本矛盾，是生产关系同生产力、上层建筑同经济基础之间的矛盾，这两对矛盾存在于任何国家和民族的任何发展阶段，决定了在社会生活中不同利益关系的分化、排斥、对立甚至相互冲突和对抗，恰如马克思所说，人们奋斗所争取的一切，都同利益相关，“‘思想’一旦离开‘利益’，就一定会使自己出丑”。一旦这种分化和排斥因对生产资料占有的不同而形成阶级利益的对立，便产生包含经济斗争、思想斗争和政治斗争的阶级斗争。正如恩格斯在阐述《共产党宣言》的基本思想时所指出的，“每一历史时代主要的经济生产方式和交换方式以及必然由此产生的社会结构，是该时代政治的和精神的历史所赖以确立的基础，并且只有从这一基础出发，这一历史才能得到说明；因此人类的全部历史（从土地公有的原始氏族社会解体以来）都是阶级斗争的历史”。不同社会利益集团在不断进行的相互斗争中此消彼长，旧的矛盾得到解决，新的矛盾不断出现，从而推动人类社会历史不断发展。

中国共产党的历史，就是一部百年斗争的历史，“建立中国共产党、成立中华人民共和国、实行改革开放、推进新时代中国特色社会主义事业，都是在斗争中诞生、在斗争中发展、在斗争中壮大的”。党的十八大以来，党和国家事业发生历史性变革和取得历史性成就，靠的是继续领导社会革命和党的自我革命，其中包含开展伟大斗争所起的不可替代的作用。

当然，在把“共产党的哲学就是斗争哲学”从哲学思维层面转化为社会实践层面以把握新时代进行伟大斗争的内涵时，还需要对毛泽东所说这一命题的缘起作一番澄清。1945 年 4 月，毛泽东在党的七大口头政治报告中说：“有人说我们党的哲学叫‘斗争哲学’，榆林有一个总司令叫邓宝珊的就是这样说的。我说‘你讲对了’。自从有了奴隶主、封建主、资本家，他们就向被压迫的人民进行斗争，‘斗争哲学’是他们先发明的。被压迫人民的

‘斗争哲学’出来得比较晚，那是斗争了几千年，才有了马克思主义。”

“共产党的哲学就是斗争哲学”并非毛泽东的发明，而是毛泽东借资产阶级政治家原意抹黑共产党的“贬句”，进而基于唯物史观和唯物辩证法的宇宙观对此做了发挥，即矛盾和斗争既然是整个宇宙发展的法则，则更是社会发展的法则；历史上的剥削阶级先压迫被剥削阶级，其后才有被剥削阶级的反抗斗争；这种斗争在不同时代有不同的内容和形式。

从中国共产党百年奋斗史来看，“斗争”内涵既指中国共产党领导的新民主主义革命及社会主义革命等阶级斗争和狭义的政治革命，又指包括生存斗争、科学实验等社会主义现代化建设和改革开放等广泛的社会革命以及自我革命。斗争的具体对象、内容和形式，须以具体的时代条件及党在不同阶段的历史任务为转移。对于实际存在的不同群体乃至阶级的利益矛盾问题，应该通过在党领导的广泛的社会革命和自我革命中推进国家治理体系和治理能力现代化来加以解决。这便是新时代“斗争性”在社会实践层面的内涵。

二、新时代进行伟大斗争的外延

20世纪60年代初，毛泽东根据时代条件的变化，提出了“我们必须准备进行同过去时代的斗争形式有着许多不同特点的伟大的斗争”。2012年党的十八大承继了这一命题，提出“发展中国特色社会主义是一项长期的艰巨的历史任务，必须准备进行具有许多新的历史特点的伟大斗争”。2017年党的十九大进一步强调：“我们党要团结带领人民有效应对重大挑战、抵御重大风险、克服重大阻力、解决重大矛盾，必须进行具有许多新的历史特点的伟大斗争。”这是对毛泽东所提出命题的继承和发展。新时代进行的伟大斗争具有许多新的历史特点，不仅体现在内涵上，而且表现在外延上。

习近平总书记指出：“我们在工作中遇到的斗争是多方面的，改革发展稳定、内政外交国防、治党治国治军都需要发扬斗争精神、提高斗争本领。”不忘党的初心，发扬斗争精神，是新时代伟大斗争哲学层面的内涵在外延上的展开；推进伟大事业、提高斗争本领，则是新时代伟大斗争实践层面的内涵在外延上的展开。

（一）不忘党的初心，发扬斗争精神

习近平总书记在庆祝中国共产党成立 100 周年大会上的讲话中指出：“一百年前，中国共产党的先驱们创建了中国共产党，形成了坚持真理、坚守理想，践行初心、担当使命，不怕牺牲、英勇斗争，对党忠诚、不负人民的伟大建党精神，这是中国共产党的精神之源。”其中“不怕牺牲、英勇斗争”，揭示了共产党人的精神品格，是实现“践行初心、担当使命”这一共产党人奋斗主题的精神基础。在新时代要赓续红色血脉、光大伟大建党精神，就必须发扬斗争精神，正如习近平总书记所强调的，“不忘初心，牢记使命，就不要忘记我们是共产党人，我们是革命者，不要丧失了革命精神”。

中国共产党人信奉的唯物论不是机械决定论，是同历史辩证法有机结合在一起的，强调在尊重客观规律性的前提下发挥人的主观能动性。正如恩格斯所说，“社会发展史却有一点是和自然发展史根本不相同的。……在社会历史领域内进行活动的，是具有意识的、经过思虑或凭激情行动的、追求某种目的的人”。斗争精神的弘扬，是中国共产党发挥主观能动性的集中体现。中国共产党由伟大建党精神的传承而构建起的包括井冈山精神、长征精神、

遵义会议精神、延安精神、西柏坡精神、红岩精神、抗美援朝精神、“两弹一星”精神、特区精神、抗洪精神、抗震救灾精神、抗疫精神等在内的精神谱系，都蕴含斗争精神。正是由于斗争精神的支撑，中国共产党才能在白色恐怖的环境下，经过28年的新民主主义革命，党员人数从50多位发展到近450万；正是由于斗争精神的弘扬，中国共产党人在新民主主义革命、社会主义革命和建设、改革开放以及新时代等不同时期，能领导社会革命而创造了中国式现代化新道路和人类文明新形态。

新时代实现伟大梦想，必须进行伟大斗争，进行伟大斗争，必须涵养斗争精神。新时代的中国特色社会主义，要建设社会主义现代化强国，在人类文明史上占领真理制高点和道义制高点，必将面对不同于以往时代许多新的挑战，它集中表现于国内社会主要矛盾的转化和国际世界百年未见之大变局之中。

在国内，我们需要在继续解放和发展生产力的基础上，致力于释放整个社会活力并使共同富裕取得实质性进展，这需要打破现有利益固化的藩篱，进一步调整不同阶层之间的利益关系和社会地位，畅通向上流动通道，从而满足人民日益增长的美好生活需要。在国际，世界“一体化”同单边主义和霸权主义的矛盾、中国同世界的关系的历史性变化引发的中国同资本主义发达国家乃至某些周边国家的结构性矛盾等凸显。而国际国内矛盾的交织，使中国面临的风险挑战甚至突发危机不断增加。一旦各种矛盾风险的挑战源和挑战点相互作用，如果我们缺乏斗争精神，就可能疏于预测、防范和及时应对各种风险而导致社会危机发生。

新时代所面临的新挑战，还体现在党本身面临的执政、改革开放、市场经济和外部环境的“四大考验”，以及精神懈怠、能力不足、脱离群众和消极腐败的“四种危险”。其中任何一种因素一旦演化为系统性风险，无疑将对党长期安全执政与实现自身历史使命构成严重威胁。如果我们躺在前辈“功劳簿”上，遇到问题绕道走，消极懈怠、回避矛盾，不愿斗争、不敢斗争，就不可能增强政治领导力、思想引领力、群众组织力和社会号召力，就无法使党永葆旺盛生命力和强大战斗力，从而无法确保党的领导和执政地位，伟大梦想的实现便将落空。

由此可见，新时代发扬斗争精神，集中体现于领导社会革命和自我革命。

（二）推进伟大事业，提高斗争本领

进行伟大斗争，先要搞清楚斗争的对象，做到有的放矢。新时代进行伟大斗争之所以具有许多新的历史特点，是因为这一斗争同以往的对敌斗争和阶级斗争有很大不同，其斗争的对象，不再是在进行狭义的政治革命时根据经济基础来划定的特定阶级，更不能为了搞斗争而脱离社会生活实际，主观地“树立对立面”。

在党的十九大报告中，习近平总书记对新时代需要坚决斗争的言行作了归纳：“全党要更加自觉地坚持党的领导和我国社会主义制度，坚决反对一切削弱、歪曲、否定党的领导和我国社会主义制度的言行；更加自觉地维护人民利益，坚决反对一切损害人民利益、脱离群众的行为；更加自觉地投身改革创新时代潮流，坚决破除一切顽瘴痼疾；更加自觉地维护我国主权、安全、发展利益，坚决反对一切分裂祖国、破坏民族团结和社会和谐稳定的行为；更加自觉地防范各种风险，坚决战胜一切在政治、经济、文化、社会等领域和自然界出现的困难和挑战。”2019 年，习近平总书记在中央党校中青年干部培训班开班式的讲话中又指出：“全面从严治党、坚持马克思主义在意识形态领域的指导地位、全面深化改革、推进供给侧结构性改革、推动高质量发展、消除金融领域隐患、保障和改善民生、打赢脱贫攻坚战、治理生态环境、应对重大自然灾害、全面依法治国、处理群体性事件、打击黑恶势力、维护国家安全，等等，都要敢于斗争、善于斗争。”

习近平总书记上述论述表明，新时代中国共产党进行伟大斗争的对象，存在于实现伟大梦想、推进伟大事业和建设伟大工程所必然面对的各种矛盾乃至可能的冲突之中，主要包括：在涉及国家的根本制度、道路和理论等政治领域，坚持党的领导、社会主义制度和坚持马克思主义在意识形态领域的指导地位，同企图削弱、歪曲、否定党的领导、社会主义制度和马克思主义的言行之间的矛盾；在涉及党和人民的关系以及社会主义根本价值领域，全面从严治党、维护人民利益、保障和改善民生，同损害人民利益、脱离群众的行为之间的矛盾；在经济政治文化社会生态等各社会发展领域，投身改革创新时代潮流、推动高质量发展，同阻碍改革创新的顽瘴痼疾之间的矛盾；在国家安全和民族团结等涉及国家根本利益领域，维护我国主权、安全、发展利益，同分裂祖国、破坏民族团结和社会和谐稳定的言行之间的矛盾；在社会生活各方面，全面依法治国、防范各种风险、妥善处理群体性事件、打击黑恶势力，同各领域可能出现的各种风险的挑战源和挑战点之间的矛盾；在党的自身建设领域，中国共产党要成为始终走在时代前列、人民衷心拥护、勇于自我革命、经得起各种风浪考验、朝气蓬勃的马克思主义执政党，同政治领导力、思想引领力、群众组织力、社会号召力不够强，特别是所存在的侵蚀党的健康肌体的病毒之间的矛盾；等等。

在上述诸多矛盾中，我们须清醒地意识到，其中存在公开或潜在的国内外敌对势力的兴风作浪，对其反党反社会主义的言行，应进行坚决的思想斗争、政治斗争、外交斗争乃至经济斗争。

三、新时代进行伟大斗争的战略思维

（一）保持基于战略思维能力的战略定力

习近平总书记指出："战略问题是一个政党、一个国家的根本性问题。战略上判断得准确，战略上谋划得科学，战略上赢得主动，党和人民事业就大有希望。"战略思维的核心是保持战略定力，这是进行伟大斗争的前提。

新时代我们要保持的最根本的战略定力，就是坚持和发展中国特色社会主义伟大事业，这也是进行伟大斗争的核心内容，正如习近平总书记反复强调的，"全党要更加自觉地增强道路自信、理论自信、制度自信、文化自信，既不走封闭僵化的老路，也不走改旗易帜的邪路，保持政治定力，坚持实干兴邦，始终坚持和发展中国特色社会主义"。在国内，随着社会主要矛盾的转化，在富起来到强起来的飞跃过程中，有些社会矛盾比没发展时更多更复杂，因此，进行伟大斗争，既需要有勇于突破利益固化藩篱的勇气，又要有协调好各种利益关系的战略定力。在国际上，面对百年未有之大变局，传统安全因素和非传统安全因素叠加，国际形势变幻莫测，我们更"要保持战略定力、战略自信、战略耐心，坚持以全球思维谋篇布局，坚持统筹发展和安全，坚持底线思维，坚持原则性和策略性相统一，把维护国家安全的战略主动权牢牢掌握在自己手中"。

保持战略定力须提高战略思维能力。如果我们拙于战略思维，把现象当作本质、把局部当作整体，就可能在遇到某些风险时惊慌失措，始终以"受虐者"心态看待世界而妄自菲薄，这就会没有自信；或可能因取得阶段性成就而沾沾自喜、盲目自信，这就是妄自尊大。只有提高战略思维能力，才有助于科学判断形势，在关键时刻做出正确的战略决策，从而使战略定力奠定在理性自觉的基础之上，也就是对自身所处历史方位和周边环境的理性判断之上。因此，只有高度重视战略思维，才能增强理论自信，从而保持战略定力。

提高战略思维能力，须落实到增强工作的原则性、系统性、预见性和创造性上。工作的原则性是战略思维在价值维度上的体现，就是要坚持和发展中国特色社会主义。工作的系统性是战略思维在空间维度上的体现，要求用整体的、联系的、全面的观点看问题，使“加强顶层设计”和“摸着石头过河”之间保持必要的张力。工作的预见性是战略思维在时间维度上的体现，要求立足现实，善于抓住倾向性问题，以适当的超前意识规划未来，掌握工作的主动权。工作的创造性是战略思维在实践维度上的体现，要求冲破条条框框的束缚，善于因时制宜、知难而进，探求解决问题的新思路。把提高战略思维能力落实到工作的原则性、系统性、预见性、创造性上，体现了中国共产党在新时代进行伟大斗争的方向和趋势。

（二）坚定以人民为中心的价值立场

新时代进行伟大斗争的战略思维的价值维度，就是以人民为中心的价值立场。这是中国共产党的根本政治立场，也是马克思主义关于无产阶级解放和人类解放一致性的价值立场。离开这一价值立场，进行伟大斗争就会偏离正确方向。

习近平总书记概括的马克思主义理论的四大特征之一，就是人民性。他指出：“马克思主义是人民的理论，第一次创立了人民实现自身解放的思想体系。马克思主义博大精深，归根到底就是一句话，为人类求解放。……马克思主义第一次站在人民的立场探求人类自由解放的道路，以科学的理论为最终建立一个没有压迫、没有剥削、人人平等、人人自由的理想社会指明了方向。”这正是马克思主义在人类文明发展史上占据道义制高点的根本之所在。正因如此，习近平总书记反复强调，人民就是江山，人心是最大政治，推进党和国家各项工作，必须倾听人民呼声，从敬畏群众中坚持人民立场。

在新时代进行伟大斗争中坚持人民立场，必须坚持马克思主义关于人民是历史创造者的观点，弘扬中国共产党区别于其他任何政党的显著标志之一——群众路线。同时，要考虑同以往历史时期相比“人民”范畴所发生的变化，“人民立场”所面临的新问题，顺应无产阶级、工人阶级、人民群众的社会结构的变化，以及这些结构变化所带来的内涵和外延的演化，顺应公有制和多种所有制、按劳分配和按要素分配等相互关系的变化，把坚持人民民主专政与推进国家治理体系和治理能力现代化相协调。

在新时代进行伟大斗争中坚持群众路线，需要区别“群众路线”和“群众运动”。群众运动是群众路线表现形式之一，但不是唯一的形式。怎样贯彻群众路线，需要依据不同的时代特征、社会基础和党的任务等条件来具体确定。新时代在实践中弘扬群众路线，须坚持人民群众的主体地位，充分反映人民群众对美好生活的新要求、特别是对社会公正的新期待，而不能把人民群众仅视为被服务的“客体”。习近平总书记在党的十八大后即提出开展群众路线学习教育实践活动，集中解决“形式主义、官僚主义、享乐主义和奢靡之风”的“四风”问题，同时在此基础上逐步深入解决“形式主义和官僚主义”两大顽疾，并且把作风问题聚焦于完善制度建设，以强化领导干部“从群众中来、到群众中去”的制度约束和保障，并完善人民群众利益表达和权益保护机制，这充分体现了新时代进行伟大斗争所坚持的以人民为中心的价值立场。

（三）运用体现唯物辩证法的科学理论思维

在新时代进行伟大斗争，需要坚持唯物史观的群众路线，还需要坚持实事求是的思想路线。在马克思主义视野中，所谓“实事”，并非现象的堆砌或经验的叠加，而是既依赖于主客体关系的选择，又依赖于主体的理论思维和价值导向的判断。主客体关系的变化决定了同一对象所呈现的“实事”不同。因此，新时代进行伟大斗争，需要有科学的理论思维，正如恩格斯所指出的，“一个民族要想站在科学的最高峰，就一刻也不能没有理论思维”。理论思维的“才能需要发展和培养，而为了进行这种培养，除了学习以往的哲学，直到现在还没有别的办法”。习近平总书记也强调：“我们党在中国这样一个有着13亿人口的大国执政，面对着十分复杂的国内外环境，肩负着繁重的执政使命，如果缺乏理论思维的有力支撑，是难以战胜各种风险和困难的。”

马克思主义理论思维的哲学基础，是唯物辩证法，其核心内容，是坚持用矛盾的观点特别是社会基本矛盾学说，来分析当代中国和世界的各种矛盾，以认清这些矛盾的发展路径和前景，从而把握进行伟大斗争的正确方向。而要能科学批判和解释当代中国社会的各种矛盾以及当代世界包括社会主义、资本主义和人类共同面临的各种复杂矛盾，需要有贯通经济、政治、文化、社会、生态、外交等各领域，驾驭民族、阶级、国家和人类各层面的“元理论”，这一“元理论”，就是唯物史观的“硬核”，也就是社会基本矛盾学说。社会基本矛盾贯穿于任何社会的任何历史发展阶段，马克思揭示的人类社会发展规律的普遍性，即在于此。

在运用社会基本矛盾学说来观察各类社会矛盾进而把握进行伟大斗争正确方向的同时，还需要运用唯物辩证法来指导对各种社会矛盾的分析，以把握好进行伟大斗争的政策和策略。唯物辩证法最根本的思维方法，就是矛盾思维，也就是承认事物发展中的矛盾，并且分析矛盾，对各种矛盾做到心中有数，再运用各种手段解决矛盾。对于进行伟大斗争的战略思维而言，主要体现为问题导向和价值取向的辩证统一、战略勇气和战术智慧的辩证统一、战略部署的全面性和突破性的辩证统一、战略规划中创新思维和底线思维的辩证统一，等等。

把问题导向和价值取向结合起来，体现了唯物辩证法关于科学思维和价值思维相统一的理论思维。习近平总书记多次强调："问题是时代的声音，人心是最大的政治。推进党和国家各项工作，必须坚持问题导向，倾听人民呼声。"新时代进行伟大斗争的战略思维有两个基点，出发点是问题导向，归宿点是人民对美好生活向往的价值取向。这要求我们在坚定"四个自信"的同时增强忧患意识，充分看到发展中的困难和问题，以免犯脱离实际而急躁冒进的错误。

把勇气和智慧结合起来，体现了唯物辩证法关于战略思想和策略方法相统一的理论思维。在长期的革命战争中，毛泽东形成了"在战略上藐视敌人，在战术上重视敌人"的战略思维，体现了中国共产党敢于斗争又善于斗争的勇气和智慧。新时代进行伟大斗争，特别需要在处理全局和局部、长远和当前、顶层和低层的矛盾关系时，将勇气和智慧统一起来。一般来说，在提出局部、当下的具体举措时，要做更多探索和论证，但在对全局和长远目标进行顶层设计时，更需要强调勇气。正如习近平总书记在推进全面深化改革时所说，"提出改革举措当然要慎重，要反复研究、反复论证，但也不能因此就谨小慎微、裹足不前，什么也不敢干、不敢试"，而是要有"'明知山有虎，偏向虎山行'的勇气"。

把战略布局的全面性和工作的突破性结合起来，体现了唯物辩证法关于两点论和重点论相统一的理论思维。在作战略部署时，要全面洞察事物发展规律，注重总体谋划；在寻找工作抓手时，要善于抓住关键，牵住"牛鼻子"，优先解决主要矛盾和矛盾的主要方面，以此带动其他矛盾的解决。正如习近平总书记一直强调的，“在任何工作中，我们既要讲两点论，又要讲重点论，没有主次，不加区别，眉毛胡子一把抓，是做不好工作的”。

把战略规划的创新思维和底线思维结合起来，体现了唯物辩证法关于解放思想和实事求是相统一的理论思维。在制定战略规划时，战略思维必须考虑两条边界，一条是需要不断被突破的“天花板”的顶线，另一条是需要坚守的“脚踏实地”的底线。突破顶线，要有创新思维；守住底线，需要有底线思维。习近平总书记经常用“守正创新”一词，来通俗地说明在做战略规划时坚持创新思维和底线思维辩证统一的道理。

（陈锡喜：上海交通大学讲席教授，中央马克思主义理论研究和建设工程首席专家，上海市习近平新时代中国特色社会主义思想研究中心研究员）

斗争无时不在，无处不有。当前，世界百年未有之大变局加速演进，中华民族伟大复兴进入关键时期，我们面临的风险挑战明显增多，总想过太平日子、不想斗争是不切实际的。共产党人任何时候都要有不信邪、不怕鬼、不当软骨头的风骨、气节、胆魄。

——习近平：《努力成为可堪大用能担重任的栋梁之才》

（2021 年 9 月 1 日）

斗争方向

“伟大斗争”的哲学解读*

郝永平　黄相怀

在习近平总书记系列重要讲话中，“进行伟大斗争”始终是重要内容之一。因此，从哲学上深入理解“具有许多新的历史特点的伟大斗争”，无疑具有重要的现实意义。

“伟大斗争”的时代背景

对世情及风险的科学研判。今天，世界格局面临新调整，经济全球化存在新变数，国际政治经济格局出现了新的不确定性。作为一个深度参与经济全球化的大国，中国越发展壮大，面临的外部风险也就越多。未来一个时期是中国和世界关系深度磨合、调整适应的敏感时期，必然导致合作之中有竞争、竞争之中有合作的复杂形势，而竞争必然包含着斗争。对此，我们必须强化忧患意识，做好斗争的思想准备。

对国情及挑战的清醒认识。总体上看，目前中国已进入了从主要解决“发展起来”的问题，到既要解决“发展起来”的问题又要解决“发展起来以后”的问题的阶段。解决“发展起来”的问题与解决“发展起来以后”的问题，任务是无比艰巨复杂的。

---

* 节选自《学习时报》2017 年 9 月 29 日。

当其中的风险和挑战主要以人民内部矛盾的形式显现的时候，要讲究方法和艺术，和风细雨地做润物无声的工作；当这些风险和挑战以敌我矛盾的形式露头的时候，也要明确边界和底线，做好斗争的准备。

对党情及担当的深刻把握。无论是推进伟大事业、实现伟大梦想还是建设伟大工程，注定是一个不平凡的过程，会有一系列尖锐问题摆在面前，都面临着许多矛盾、困难、风险与挑战，都需要做好进行伟大斗争的准备。

“伟大斗争”的科学含义

伟大斗争是一种实际行动。实践的观点是马克思主义哲学首要和基本的观点。实践是认识的目的、动力、源泉和检验真理的唯一标准，也是解决问题与克服矛盾的手段与途径。伟大斗争绝不是一句简单的口号，而是首先体现为实际的行为举措。党的十八大以来，以习近平同志为核心的党中央不但准备进行而且实际上已经进行了许多伟大斗争。比如，在反腐败斗争中，我们党进行了新中国成立以来前所未有的大规模的打“老虎”、拍“苍蝇”；面对若干国家搅局中国南海问题，以习近平同志为核心的党中央明确展示了中国坚定捍卫国家主权的实际行动；等等。这充分表明，伟大斗争就是一种具有现实指向性的行为举措与有力行动。

伟大斗争是一种基本手段。从哲学上来讲，同一性与斗争性是矛盾的基本属性，由于每一矛盾的性质与状况不尽相同，所以斗争的内容和形式也多种多样。长期以来，人们习惯了和平建设的思维方式，淡忘了斗争的重要性。“国虽大，好战必亡，忘战必危。”只有根据不同的情况，把斗争性的手段与同一性的手段配合起来使用，才能收到最大化的效果。因此，党的十八大以来，以习近平同志为核心的党中央不讳言斗争，敢于斗争、善于斗争，补足了长期以来的一个短板，反而为中国赢得了新的优势，有效维护和保障了中国国家利益。

伟大斗争是一种精神品质。从广义上说，斗争不仅包括解决问题的具体行为与实际行动，而且也包括不畏艰难、知难而进、迎难而上、锐意进取的坚定信念和坚强意志。习近平总书记提出进行伟大斗争，从某种意义上就是针对着党员干部队伍中存在的当太平官、打太平拳、过太平日子、革命意志消退、干劲斗志不足等消极现象，旨在激发和调动广大党员干部的进取精神、战斗姿态和无畏气势。

“伟大斗争”的主要内容

同错误思想作斗争。意识形态领域面临的情况是复杂多变的，对于马克思主义，出现了过时论、无用论、有害论的错误看法；对于中国特色社会主义，出现了对中国特色、科学社会主义的基本原则、中国特色社会主义的特点和规律认识不清晰等模糊见解；对于共产主义远大理想，出现了渺茫论等错误认识。对于模糊的思想认识，中国共产党当然要遵循意识形态工作的规律，即主要采取思想教育、明辨是非、以理服人的方式来进行；但是，对于那些有意歪曲、肆意攻击党的理论和理想的错误言论，必须坚持有理有利有节的原则，进行针锋相对的斗争。

同固化利益作斗争。改革开放以来，一小部分人借机获得了特殊的小团体利益，这些利益一旦通过体制机制的途径固化下来，就会严重扭曲社会公平正义。全面深化改革本质上是一个利益关系调整和再调整的过程，这个过程必然触及方方面面的既得利益，因而就使得改革具有了“刀刃向内”的性质，即自我批判、自我开刀、自我革命。由于利益问题是最复杂最敏感的问题，因而向固化的利益藩篱宣战必然带来不小的压力、风险和挑战，只有勇敢者才能顶得住、扛得动。

同腐败现象作斗争。腐败变质是现代政治之癌，也是共产党的天敌。从权力的本质来说，中国共产党的一切权力都来自人民，只能用来为人民服务，因而一切腐化变质行为与中国共产党的性质与宗旨都是格格不入的。必须承认，确有一小撮腐败变质分子混迹于党内，干着权钱交易、贪污腐化等勾当，给党的威信和形象带来极大的损害。党的十八大以来打“老虎”的经验证明，一些腐败分子还具有相当的抗拒能力，甚至在一定程度上给反腐败工作带来阻碍。因此，必须以极大的政治智慧和勇气开展反腐败工作，坚决打赢反腐败这场攻坚战和持久战。

同西方渗透作斗争。世界共产主义运动发展、中国特色社会主义建设都是在与西方敌对势力的斗争中开展的。西方敌对势力并没有因为中国坚持和平发展道路、不搞意识形态输出，就放弃对中国的渗透和入侵，而是千方百计地对中国进行渗透，这种渗透包括意识形态的，也包括其他途径；特别是互联网的兴起，更为这种渗透提供了难以察觉的便利条件，使得渗透与反渗透的斗争更加复杂尖锐。必须认识到，西方的这种渗透与正常的国际交往有着本质的区别，本质上是要瓦解中国共产党的执政基础，改变中国特色社会主义的性质，因而具有敌我矛盾的性质。面对这样的渗透，必须擦亮眼睛，旗帜鲜明地进行针锋相对的斗争，采取各种途径予以有力的驳斥和反击。

同分裂势力作斗争。中国的国家统一和领土完整，是中国的核心利益、中华民族的根本利益。伴随着经济全球化的深入发展和世界政治经济格局的新变化，加之国内宗教极端思潮的抬头，境内外各种势力相互勾结、里应外合，“港独”“疆独”“藏独”“台独”等轮番上阵，试图分裂中华民族大家庭，阻截中华民族的伟大复兴进程。对此，必须采取包括政治、经济、文化、法治和军事等在内的各种手段，进行严厉惩治与打击。历史终将证明，分裂势力是不得人心的，是注定要失败的。

同霸权主义作斗争。苏联解体、冷战结束并没有使一些西方国家放弃冷战思维，反而在一定程度上变本加厉地推行强权政治和霸权主义。作为一个负责任的大国，中国不惹事也不怕事，宁可备而不战，不可战而无备。面对复杂多变的国际政治经济局势，面对一些国家搞霸权主义和强权政治不收敛、不收手，中国必须以革命的两手对付反革命的两手，做好政治、经济、文化、外交和军事领域进行全方位斗争的准备。

“伟大斗争”的基本边界

从一定意义上说，哲学发挥着对客观对象划分边界的功能。它以理性态度去科学厘清对象的边界问题，把握其与相关对象的本质区别，进而揭示出对象的特殊规定性。因此，区分与划清伟大斗争的边界与底线，避免片面理解和歪曲解读伟大斗争的真正含义，是十分必要的。

伟大斗争是有原则、有底线的斗争。进行“具有许多新的历史特点的伟大斗争”，不是要搞革命年代疾风骤雨式的武装斗争，不是要搞社会主义建设初期大规模的群众运动，而是以始终遵循社会发展规律、始终维护人民根本利益、始终坚持党的宗旨与使命为前提的，是在民主和法治轨道上展开的斗争，是在维护正常社会秩序前提下展开的斗争。最为明显的是，党的十八大以来，以习近平同志为核心的党中央全面推进依法治国，把党和国家工作纳入法治轨道，坚持依靠法治手段解决各种复杂的经济社会难题，坚持运用法治手段来开展伟大斗争，有效保障了社会生活的和谐与有序。

伟大斗争是坚守人民立场的斗争。进行伟大斗争并不是挑起群众斗群众，在群众中制造矛盾和纷争，恰恰是为了维护最广大人民群众的根本利益而开展的，因而是有立场的斗争。马克思主义始终认为，人民是历史的创造者，人民群众中蕴藏着伟大的力量；党的力量在人民，根基在人民，血脉在人民。要想打赢“具有许多新的历史特点的伟大斗争”，必须坚守为了人民的基本立场，把人民放在心中最高位置，紧紧依靠广大人民群众。

伟大斗争是具有灵活性的斗争。从哲学上来看，斗争既包括使用暴力手段的剧烈斗争，也包括使用批评和自我批评所开展的斗争。有无认真的批评和自我批评，是中国共产党和其他政党互相区别的显著的标志之一。在进行伟大斗争的过程中，面对不同的矛盾与问题时，必须对具体问题作出具体分析，对人民内部矛盾采取同一性的化解方法，对敌我矛盾采取对抗性的斗争形式。

伟大斗争是为达到和谐与和平目的的斗争。习近平总书记强调，“和平、和睦、和谐的追求深深植根于中华民族的精神世界之中，深深溶化在中国人民的血脉之中”。因此，在新时期开展的伟大斗争，本质上是为达到国内和谐与国际和平为目的的斗争。就国内来讲，通过开展同错误思潮、固化利益、腐败现象、分裂势力的伟大斗争，营造安定有序和谐的社会环境，凝聚起全党全军全国各族人民的智慧与力量，为实现“两个一百年”奋斗目标和中华民族伟大复兴的中国梦创造有利条件。就国际来讲，通过开展同错误思潮、西方渗透、分裂势力、霸权主义的伟大斗争，创造出安定、和平、友好的国际环境，以利于充分发挥中国作为一个负责任大国的重要作用，以利于积极推动人类追求和平与发展的崇高事业。

〔郝永平：中共中央党校（国家行政学院）教授、博士生导师；黄相怀：中共中央党校（国家行政学院）习近平新时代中国特色社会主义思想研究中心副研究员〕

着力推进国家安全体系和能力建设*

田培炎

党的十八大以来，以习近平同志为核心的党中央统筹把握中华民族伟大复兴战略全局和世界百年未有之大变局，加强国家安全战略谋划和顶层设计，大力推进国家安全领域理论创新、实践创新、制度创新，开创维护国家安全的崭新局面，为党和国家兴旺发达、长治久安提供了有力保证。党的十九届六中全会通过的《中共中央关于党的百年奋斗重大成就和历史经验的决议》对新时代国家安全工作作了全面总结，我们要认真学习领会，汲取经验和智慧，坚定维护和塑造国家安全。

一、保证国家安全是头等大事

改革开放以后，党高度重视正确处理改革发展稳定关系，把维护国家安全和社会安定作为党和国家的一项基础性工作来抓，为改革开放和社会主义现代化建设营造了良好安全环境。进入新时代，我国面临更为严峻的国家安全形势，维护国家安全任务艰巨、责任重大、意义深远。

外部风险挑战日益增多。世界多极化深入发展，国际格局

---

* 选自《光明日报》2021 年 11 月 29 日。

深刻演变，我国的发展壮大成为世界大变局的重要变量，引起一些西方国家战略焦虑上升，千方百计对我国进行围堵、打压、遏制。经济全球化成为不可逆转的时代潮流，国际经济交往更加紧密，同时保护主义、逆全球化思潮上升，对我国改革开放进程带来负面影响。世界科学技术飞速发展，新一轮科技革命和产业变革蓄势待发，科技领域竞争加剧，我国仍面临一些关键核心技术受制于人的压力。意识形态领域斗争激烈，敌对势力西化分化图谋一刻也没有停止，对我国的政治抹黑、舆论“围剿”、制度攻击变本加厉。传统安全威胁和非传统安全威胁相互交织，恐怖主义、分裂主义、宗教极端势力、重大疫情等对国家安全构成严重威胁。我国周边局势复杂敏感，热点问题不断，特别是域外势力加大插手周边事务力度，对国内安定造成直接冲击。只有积极营造有利于我国发展的外部环境，才能有力维护国家主权、安全、发展利益。

国内安全风险集中凸显。我国经济社会发生深刻变化，改革进入攻坚期和深水区，社会矛盾和问题累积叠加、易发多发，安全风险呈现出鲜明特点。主要表现为，风险涉及领域日益广泛，国家安全内涵和外延比历史上任何时候都要丰富，时空领域比历史上任何时候都要宽广，我国发展的各领域、国家治理的全过程、内政外交国防的各方面，都面临维护国家安全的繁重任务。风险之间深度关联，各种风险关联度高、传导快、共振强，一定条件下很容易演化升级，使小风险演变成大风险、局部风险演变成系统风险、经济社会风险演变成政治风险、国际风险演变成国内风险。风险呈现形态更加复杂，既有显性风险又有隐性风险，既有周期性风险又有结构性风险，既有可以预料的风险又有难以预料的风险，既有“黑天鹅”事件又有“灰犀牛”事件，而且各类风险成因多样、彼此交织。风险应对处置愈发艰巨，一些风险触点多、燃点低、影响广、危害大，处置起来机会窗口时间短、临机决断要求高、分寸火候拿捏难。如果不能及时有效防范重大风险或者在出现重大风险时扛不住、化不了，就会导致灾难性后果，严重影响社会大局稳定。

人民安全需求更加强烈。国泰民安是人民群众最基本、最普遍的愿望，安全在人民对美好生活的追求中分量越来越重。人民渴望在国运昌盛、天下太平、活跃有序的环境中创造幸福生活，享受静好岁月；渴望在劳动生产过程中有周全、牢靠、持久的安全防护和保障；渴望在衣食住行的日常生活中有高品质的供给，能够远离假冒伪劣、坑蒙拐骗；渴望在社会生活和交往中有让人安心放心舒心的社会秩序、公共安全；渴望在自然灾害发生时，生命财产能够得到有效保护，损失减少到最低；渴望在走出国门求学经商、品鉴他国文明和异域风情时，有祖国及时温馨的安全护佑。然而，现实中各类安全事故和事件给人民群众造成的损失和危害，往往成为民生之伤、民心之痛。可以说，满足人民群众日益增长的安全需求，关系人心向背，关系社会和谐稳定，关系党的执政根基的巩固。

我国维护国家安全能力存在明显短板。同形势任务要求相比，维护国家安全的统筹协调机制不健全；国家安全动员、极端情况应对、重大突发事件处置等方面的管理体制和工作机制有待完善；跨境数据流动、个人信息安全保护、网络空间管理等安全新领域规则制定存在薄弱环节；主动引领、积极塑造外部安全环境的手段和办法不多；一些领导干部安全意识淡薄，对安全风险隐患重视不足、麻痹大意、心存侥幸，应对风险见事迟、反应慢、应急处变本领不强；等等。解决这些问题成为新时代维护国家安全的重大课题。

以习近平同志为核心的党中央站在党和国家事业发展全局的战略高度，以强烈的忧患意识和责任担当，强调保证国家安全是头等大事，要立足国际秩序大变局来把握规律，立足防范风险的大前提来统筹，立足我国发展重要战略机遇期大背景来谋划，推动全党极大提高了对国家安全重要地位和作用的认识。

二、形成总体国家安全观

党的十八大以来，习近平总书记以宏阔的战略思维和宽广的世界眼光，敏锐洞察国家安全形势发展变化新特点新趋势，深入总结国家安全工作历史经验，创造性提出总体国家安全观，标示着我们党对国家安全工作规律的认识达到新的高度。总体国家安全观内容丰富、逻辑严密，是一个科学的理论体系，其主要思想观点有以下几个方面。

坚持党对国家安全工作的绝对领导。这是做好国家安全工作的根本原则，是维护国家安全的根本保证。要坚持党中央对国家安全工作的集中统一领导，加强统筹协调，把党的领导贯穿到国家安全工作各方面全过程，推动各级党委（党组）把国家安全责任制落到实处。

坚持中国特色国家安全道路。贯彻总体国家安全观，坚持政治安全、人民安全、国家利益至上有机统一，以人民安全为宗旨，以政治安全为根本，以经济安全为基础，捍卫国家主权和领土完整，防范化解重大安全风险，为实现中华民族伟大复兴提供坚强安全保障。

坚持以人民安全为宗旨。坚持国家安全一切为了人民、一切依靠人民，把党的群众路线贯彻到维护国家安全的全部活动之中，充分发挥广大人民群众积极性、主动性、创造性，始终把人民作为国家安全的基础性力量，汇聚起维护国家安全的强大合力，切实维护广大人民群众安全权益，不断增强人民群众的安全感。

坚持统筹发展和安全。发展是安全的基础，安全是发展的保障。坚持发展和安全并重，实现高质量发展和高水平安全的良性互动，既通过发展提升国家安全实力，又深入推进国家安全思路、体制、手段创新，营造有利于经济社会发展的安全环境，在发展中更多考虑安全因素，努力实现发展和安全的动态平衡。

坚持把政治安全放在首要位置。政治安全是我国国家安全的根本，核心是政权安全和制度安全。必须发扬不信邪、不怕鬼的精神，同企图颠覆中国共产党领导和中国特色社会主义制度、企图迟滞甚至阻断中华民族伟大复兴进程的一切势力斗争到底。坚决防止其他安全领域风险向政治安全领域传导、积聚而产生系统性、全局性风险。

坚持统筹推进各领域安全。要统筹应对传统安全和非传统安全、外部安全和内部安全、国土安全和国民安全、自身安全和共同安全，发挥国家安全工作协调机制作用，用好国家安全政策工具箱，有效维护政治、军事、国土、经济、文化、社会、科技、网络、生态、资源、核、海外利益、太空、深海、极地、生物等领域安全。

坚持把防范化解国家安全风险摆在突出位置。增强忧患意识，做到居安思危，是我们治党治国必须坚持的一个重大原则。要强化风险意识，坚持底线思维、未雨绸缪，宁可备而不用，不可用时无备，不断提高风险预见、预判能力，力争把可能带来重大风险的隐患发现和处置于萌芽状态。

坚持推进国际共同安全。面对错综复杂的国际安全威胁，任何国家都不能独善其身，合作安全、集体安全、共同安全才是解决问题的正确选择。要高举合作、创新、法治、共赢的旗帜，推动树立共同、综合、合作、可持续的全球安全观，加强国际安全合作，完善全球安全治理体系，共同构建普遍安全的人类命运共同体。

坚持推进国家安全体系和能力现代化。坚持系统思维，加快构建与新发展格局相适应的大安全格局。坚持以改革创新为动力，加强法治思维，构建系统完备、科学规范、运行有效的国家安全制度体系。保持战略定力，把握国家安全工作规律，善于识变应变求变，注重科学技术运用，全面提高维护和塑造国家安全能力。

坚持加强国家安全干部队伍建设。坚持以党的政治建设为统领，加强国家安全战线党的建设，教育引导安全干部增强“四个意识”、坚定“四个自信”、做到“两个维护”。要关心和爱护国家安全干部，为他们提供便利条件和政策保障，打造绝对忠诚、绝对可靠、绝对内行、绝对守纪律的国家安全干部队伍。

这些重要思想凝聚着我们党探索国家安全工作规律的智慧和心血，是新时代国家安全工作的根本遵循，必须长期坚持并不断丰富发展。

三、推动国家安全工作实现历史性变革

党的十八大以来，我们党深入贯彻总体国家安全观，坚定不移走中国特色国家安全道路，作出一系列决策部署，出台一系列制度规定，推出一系列重大举措，战胜一系列重大风险挑战，推动国家安全工作实现从分散到集中、迟缓到高效、被动到主动的历史性变革。

国家安全领导体制和制度机制日益完善。成立国家安全委员会，坚定不移贯彻中央国安委主席负责制，完善集中统一、高效权威的国家安全领导体制，建立健全重点领域、重要专项国家安全工作协调机制和国家安全指挥体系，强化党中央对国家安全工作的集中统一领导。大力推进国家安全立法，制定出台国家安全法、反间谍法、反恐怖主义法、网络安全法、国家情报法、境外非政府组织境内活动管理法、核安全法、英雄烈士保护法、密码

法等一系列国家安全领域法律法规，基本形成了立足我国国情、体现时代特点、适应我国所处战略安全环境、内容协调、程序严密、配套完备、运行有效的中国特色国家安全法律体系，为维护国家安全提供了有力法治保障。制定国家安全战略纲要，完善国家安全风险评估预警机制、国家安全审查和监管制度、国家安全危机管控机制、国家应急管理机制、国家安全综合保障体系等一系列制度机制，国家安全工作合力和整体效能进一步增强，为全社会全政府全体系动员打好国家安全总体战提供了坚强制度保障。

政治安全进一步巩固。坚持把维护政治安全放在首要位置，坚持党的全面领导，深入推进全面从严治党，以猛药去疴、重典治乱的决心严厉惩治腐败，消除党、国家、军队内部存在的严重隐患，党在革命性锻造中更加坚强。坚持和完善中国特色社会主义制度、推进国家治理体系和治理能力现代化，着眼破除各方面体制机制弊端，全面深化改革，增强改革的系统性、整体性、协同性，推动中国特色社会主义制度更加成熟定型取得重大进展，为国家政权安全和制度安全奠定坚实基础。健全意识形态工作责任制，敢抓敢管、敢于斗争，依法加强阵地管理，有力管网治网，旗帜鲜明反对和抵制各种错误观点，牢牢掌握意识形态工作领导权。开展涉疆、涉藏等斗争，严密防范和严厉打击敌对势力渗透、破坏、颠覆、分裂活动，顶住和反击外部极端打压遏制。打出一套止暴治乱“组合拳”，坚决打击“反中乱港”势力，坚决防范和遏制外部势力干预香港事务，推动香港局势实现由乱到治的重大转折。坚决反对“台独”分裂行径，反对外来干涉，有效应对外部军事挑衅，牢牢把握两岸关系主导权、主动权。

维护重点领域安全取得明显成效。完善宏观经济治理，推动产业结构转型升级，保障粮食安全、能源资源安全、产业链供应链安全，强化反垄断规制，防止资本无序扩张，严格平台企业监管，有效维护经济安全。积极应对科技封锁和打压，把科技自立自强作为国家发展的战略支撑，强化国家战略科技力量，健全新型举国体制，推动关键核心技术攻关和自主创新取得重要成果。着力打赢污染防治攻坚战，打好蓝天、碧水、净土保卫战，全面禁止进口“洋垃圾”，以空前力度查处一批破坏生态环境的重大典型案件，推动我国生态环境保护发生历史性、转折性、全局性变化。加大地方政府债务清理和规范力度，拆解一批高风险影子银行，稳妥有效处置明天系、安邦、华融、华信等重大金融风险案件，防范化解重大金融风险攻坚战取得阶段性成果，守住不发生系统性金融风险的底线。聚焦国家生物安全重大现实需要，强化系统治理和全链条防控，扎实推进生物科技创新和产业化应用，打造医疗防治、物资储备、产能动员“三位一体”的公共卫生应急物资保障体系。坚持人民至上、生命至上，举全党全国全社会之力，打好新冠肺炎疫情防控人民战争、总体战、阻击战，在世界上率先控制住疫情，在全球主要经济体中率先恢复经济正增长。开展安全生产专项整治，强化消防、交通、危化品、煤矿和非煤矿山等领域安全监管，安全生产秩序得到进一步规范。健全社会矛盾纠纷多元预防调处化解机制，开展扫黑除恶专项斗争，坚决惩治放纵、包庇黑恶势力甚至充当保护伞的党员干部，防范和打击暴力恐怖、新型网络犯罪、跨国犯罪，为人民安居乐业营造良好环境。实施维护与拓展并重的国家海外利益安全战略，加强“一带一路”沿线及其他我国海外利益集中国家的安全保障，加强海外中国公民保护，促进新时代海外利益安全保障同海外利益发展相适应。深入推进兴边富民、稳边固边工作，坚决维护边疆边境安全。加快建设海洋强国，开展重点海域维权斗争，坚决捍卫我国海洋权益。

人民群众安全意识普遍增强。设立全民国家安全教育日，以总体国家安全观为指导，全面实施国家安全法，深入开展国家安全宣传教育和全民国防教育。坚持群众观点和群众路线，拓展人民群众参与公共安全治理的有效途径。完善公民安全教育体系，把公共安全教育纳入国民教育和精神文明建设体系，制定关于加强大中小学国家安全教育的实施意见，推动安全教育进企业、进农村、进社区、进学校、进家庭。设置国家安全一级学科，加强国家安全理论教学、研究、宣传等阵地建设。加强安全公益宣传，普及安全知识，培育安全文化，开展常态化应急疏散演练，支持引导社区居民开展风险隐患排查和治理，积极推进安全风险网格化管理。健全公共安全社会心理干预体系，积极引导社会舆论和公众情绪。经过综合施策、持续努力，全社会维护国家安全的积极性主动性明显增强，各领域安全的人民防线进一步巩固。

领导干部应对安全风险本领稳步提高。举办省部级主要领导干部坚持底线思维着力防范化解重大风险专题研讨班、各级领导干部应急处突能力专题培训班，开展经常性党员干部国家安全教育和知识培训，各级领导干部的忧患意识、底线思维、政治敏锐性进一步增强。以落实国家安全领导责任和工作责任为抓手，推动各级领导干部更加自觉地统筹发展和安全两件大事，努力做到守土有责、守土尽责、守土负责，责任意识、担当精神明显增强。引导各级领导干部在防风险、迎挑战的实际斗争中经风雨、壮筋骨、长才干，见微知著能力、分析研判能力、隐患排查防范能力、突发事件应对能力、复杂局面驾驭能力等得到普遍提高。坚持高标准、严要求，加强党的政治建设，强化思想淬炼、政治历练、实践锻炼、专业训练，把国家安全干部队伍打造成坚不可摧的国家安全忠诚卫士。

（田培炎：中央政策研究室副主任）

新时代“伟大斗争”的领域、内容、方式和方法*

王中保　程恩富

习近平总书记主持起草的党的十八大报告指出，“发展中国特色社会主义是一项长期的艰巨的历史任务，必须准备进行具有许多新的历史特点的伟大斗争”，首次提出了要进行伟大斗争思想。在十九大报告中，“伟大斗争”和“斗争”共出现了23次。那么，具有新时代的历史特点的伟大斗争存在哪些领域、具体什么内容、应采取什么方式和方法呢?

1. 关于伟大斗争存在的领域。2016年1月，习近平总书记针对长期以来不讲斗争的现象，在省部级主要领导干部学习专题研讨班上强调了伟大斗争表现在经济、政治、文化、社会、外交和军事六个领域。他指出:“我们必须积极主动、未雨绸缪，见微知著、防微杜渐，下好先手棋，打好主动仗，做好应对任何形式的矛盾风险挑战的准备，做好经济上、政治上、文化上、社会上、外交上、军事上各种斗争的准备，层层负责、人人担当。”可见，伟大斗争涉及经济、政治、文化、社会、生态、党建、外交、军事等各个领域和各条战线，贯穿在“五位一体”总体布局和“四个全面”战略布局等整个中国特色社会主义伟大事业之中。我们要发扬积极主动、迎难而上、敢于担当、善于作为的斗争精神，进行具有新时代历史特点的伟大斗争。

---

* 节选自《马克思主义与现实》2018年第1期，原文题为《论新时代的伟大斗争——学习贯彻党的十九大精神》。

2. 关于改革方面的伟大斗争。2017年8月，习近平总书记指出："改革是我们进行具有新的历史特点的伟大斗争的重要方面。"在党的十九大报告中，习近平总书记在阐述伟大斗争内涵时又强调："更加自觉地维护人民利益，坚决反对一切损害人民利益、脱离群众的行为；更加自觉地投身改革创新时代潮流，坚决破除一切顽瘴痼疾。"党的十一届三中全会以来，我们党始终高举改革的大旗，取得了举世瞩目的成绩。特别是党的十八大以来，以习近平同志为核心的党中央敢于啃硬骨头、勇于涉深水区，在经济、政治、文化、社会、生态、党建、外交、军事等多方面都取得新进展和实现新突破，开拓了改革的新局面和新气象。以供给侧改革为主线推动我国经济发展由高速度向高质量转变，以党的自我改革为抓手全面推进党的政治、思想、组织、作风和纪律建设并取得了明显成效，改革发展的成果由人民共享的理念深入人心并得到切实贯彻。

3. 关于意识形态斗争和党内思想斗争。2013年8月，习近平总书记指出："意识形态工作是党的一项极端重要的工作。""要巩固马克思主义在意识形态领域的指导地位，巩固全党全国人民团结奋斗的共同思想基础。"而且要求"党员、干部要坚定马克思主义、共产主义信仰，脚踏实地为实现党在现阶段的基本纲领而不懈努力，扎扎实实做好每一项工作"。根据习近平总书记重要讲话精神而作出的《关于新形势下军队政治工作若干问题的决定》指出："带头弘扬和践行社会主义核心价值观，持续培育当代革命军人核心价值观，发挥先进军事文化涵养教化作用，打好意识形态斗争主动仗，确保部队纯洁巩固。……浓厚党内生活原则空气，开展积极健康的党内思想斗争和经常性思想互助，强化基层党组织功能，建设坚强的战斗堡垒。"在中国特色社会主义新时代，以习近平同志为核心的党中央十分重视意识形态领域的斗争，中央政治局经常集体学习马克思主义理论，每年都发文通报意识形态工作的形势和任务等，充分展示了我党对意识形态工作的高度重视。党的十九大报告再次强调，“意识形态领域斗争依然复杂，国家安全面临新情况”。因此，“我们要巩固马克思主义在意识形态领域的指导地位，批判党内外和国内外各种错误思潮，在事关意识形态领域政治原则和大是大非问题上，有理有利有节开展意识形态斗争，帮助干部群众划清是非界限、澄清模糊认识，凝聚最大共识”。

4. 关于反腐败斗争。2013 年 1 月，习近平总书记首次提到反腐败斗争，强调要“坚定不移把党风廉政建设和反腐败斗争引向深入”。在各项伟大斗争中，这是习近平总书记使用次数最多的词汇，他指出我们一定能赢得反腐败斗争，“这场输不起也决不能输的斗争”。与此相关的，还有“自觉同特权思想和特权现象作斗争”的提法。频繁使用这类词汇，与五年来以反腐败斗争为重点的从严治党的实践是完全吻合的。正是以习近平同志为核心的党中央客观评估反腐败形势、有力领导反腐败决策部署，“腐败蔓延势头得到有效遏制，反腐败斗争压倒性态势已经形成，不敢腐的目标初步实现，不能腐的制度日益完善，不想腐的堤坝正在构筑，党内政治生活呈现新的气象”。

5. 关于净化党内政治生态的斗争。2016 年 6 月，习近平总书记强调：“严肃党内政治生活、净化党内政治生态是伟大斗争、伟大工程的题中应有之义，是我们党坚持党的性质和宗旨的重要法宝，是我们党实现自我净化、自我完善、自我革新、自我提高的重要途径。”“先进性和纯洁性是马克思主义政党的本质属性，我们加强党的建设，就是要同一切弱化先进性、损害纯洁性的问题作斗争，祛病疗伤，激浊扬清。”我们要切实响应党中央的号召，坚决纠正“对违反政治纪律的错误言行不在意、不报告、不抵制、不斗争”“对歪风邪气不抵制不斗争”的现象，在新的党的建设伟大工程推进进程中，积极开展健康的政治生态净化斗争。以自我革命的政治勇气，自觉地把党纪国法紧一紧、党性修养正一正、党员义务理一理，切实解决理想信念淡薄、组织纪律松散、为民服务意识不强、对错误言行视而不见、对歪风邪气斗争不利等突出问题，不断净化党员队伍和党内政治生态，使我们党始终成为带领广大人民群众投身伟大社会主义建设事业的马克思主义性质的执政党。

6. 关于法治方面的斗争。2015 年 2 月，习近平总书记提出：“要牢固树立宪法法律至上、法律面前人人平等、权由法定、权依法使等基本法治观念，对各种危害法治、破坏法治、践踏法治的行为要挺身而出、坚决斗争。”党的十八届四中全会确立了“全面推进依法治国的总目标是建设中国特色社会主义法治体系，建设社会主义法治国家”。新的时代条件下我们必须把依法治国摆在更加突出的位置，坚持在法治轨道上统筹市场力量、平衡经济利益，依靠法治解决各种复杂的经济社会问题，确保我国经济社会平稳健康发展。坚持运用法治精神调节社会关系、规范社会行为、处理社会矛盾，依靠法治化解各种社会风险，确保我国社会在深刻变革中既生机勃勃又井然有序。

7. 关于同自然灾害作斗争。2016 年 7 月，习近平总书记指出：“同自然灾害抗争是人类生存发展的永恒课题。要更加自觉地处理好人和自然的关系，正确处理防灾减灾救灾和经济社会发展的关系，不断从抵御各种自然灾害的实践中总结经验，落实责任、完善体系、整合资源、统筹力量，提高全民防灾抗灾意识，全面提高国家综合防灾减灾救灾能力。”我国自然灾害种类多、分布地域广、发生频率高，是世界上自然灾害最为严重的国家之一。因此，我们必须在遵循自然规律，严格保护和修缮生态环境的同时，战天斗地，“同重大自然灾害斗争”“同地震灾害斗争”、进行“抗洪抢险斗争”，保护人民的生命和财产。在多年同自然灾害的斗争中，我们已经建立多层次多级别的防灾抗灾救灾体系，坚持以防为先为主和防、抗、救相结合的方针，铸就了伟大的抗震精神、抗洪精神，涌现出一批批英勇人物，这是中华民族精神和社会主义集体精神的重要体现。

8. 关于禁毒斗争。2015 年 6 月，习近平总书记号召："各地区各有关部门要切实增强做好禁毒工作的政治责任感，……保持对毒品的'零容忍'，锲而不舍，常抓不懈，坚定不移打赢禁毒人民战争，不获全胜决不收兵。……各地区各有关部门认真贯彻落实党中央关于禁毒工作的决策部署，深入开展禁毒斗争，综合治理毒品问题，有效遏制了毒品问题快速蔓延势头，为保障人民安居乐业作出了重要贡献。"厉行禁毒是党和政府的一贯立场和主张，是社会建设的一项重要工作，事关国家安危、人民健康和民族兴衰，必须统筹协调好并落到实处。

9. 反分裂斗争。2015 年 8 月，习近平总书记在中央第六次西藏工作座谈会上强调："把维护祖国统一、加强民族团结作为工作的着眼点和着力点，坚定不移开展反分裂斗争。"民族团结是我国社会主义社会发展进步的必要前提，以习近平同志为核心的党中央一向把维护祖国统一、加强民族团结作为工作的着眼点和着力点，十分关心民族地区的发展状况。习近平总书记多次对西藏、新疆等民族工作作出重要指示，对台湾、香港等地的稳定与发展发表重要讲话，以增进同胞福祉为根本政策，坚定"九二共识"，否定"一边一国"和"两国论"。当前，我们必须深刻认识分裂和反分裂斗争的长期性、复杂性、尖锐性，面对"台独""港独""藏独""疆独"等离间多元一体的中华民族和分裂祖国的言行，必须展开有理有利有节的有效斗争，在维护国家主权和领土完整的坚定决心和核心利益上，任何人都不能讨价还价。

10. 关于反恐斗争。2014 年 4 月，习近平总书记强调："反恐怖斗争事关国家安全，事关人民群众切身利益，事关改革发展稳定全局，是一场维护祖国统一、社会安定、人民幸福的斗争，必须采取坚决果断措施，保持严打高压态势，坚决把暴力恐怖分子嚣张气焰打下去。”安全是发展的基石。没有安全，就谈不上发展。当前，国际恐怖袭击事件已从偶发演变为频发，依法防范和打击国内外恐怖主义是我国与世界和平发展的现实需要，也体现出我国作为负责任大国的责任担当，必须统筹协调好。

11. 关于军事斗争。2017 年 8 月在庆祝中国人民解放军建军 90 周年大会上，习近平总书记再次发出号召：“全军要贯彻新形势下军事战略方针，认真研究军事、研究战争、研究打仗，把握现代战争规律和战争指导规律，扎扎实实做好军事斗争准备各项工作。”军事斗争（与此有关的是“边防斗争”“防空袭斗争”）是习近平总书记使用次数较多的词汇，因为我国面临较严峻的周边军事形势，必须加强军队和国防的现代化建设。为了顺利实现“两个一百年”和中国梦的宏伟目标，十九大报告再次强调，“扎实做好各战略方向军事斗争准备，统筹推进传统安全领域和新型安全领域军事斗争准备”。在党中央和中央军委的坚强正确领导下，我们的国防和军队建设正阔步迈向机械化和现代化，正适应新形势的世界军事变革要求和国家安全需求，深化军事变革，锻造出世界一流军队，为守护祖国领海、空域和疆土做好“战而必胜”的军事斗争准备。

12. 关于反殖民反霸权的斗争。2016 年 1 月，习近平总书记在埃及媒体发表署名文章写道：“近代以来，中埃两国人民在反殖民、反霸权的斗争中同声相应、同气相求。60 多年前，在万隆会议上，周恩来总理同纳赛尔总统的手紧紧握在一起，中埃两国由此携手合作，迈上共同维护广大发展中国家权益的征程。”随着经济实力和综合国力的显著增强，我国日益走向世界舞台的中央，国际影响力显著增强，但同时所面临的国际战略压力和发展前进遭遇的阻力也越来越大，最主要的就是霸权主义、强权政治和新干涉主义。无论过去还是现在，我们都要“充分估计国际矛盾和斗争的尖锐性”，反对新老殖民主义（目前世界上发达资本主义国家仍然保留数十处殖民地）和霸权主义。对以美国为首的全球和地区霸权主义国家，该合作的要合作，该斗争的要斗争，这是我国引领公正的经济全球化、共同塑造国际新秩序和维护国际共同安全的客观需要。

13. 关于同保护主义作斗争。2016 年 1 月，习近平总书记指出："20 年前甚至 15 年前，经济全球化的主要推手是美国等西方国家，今天反而是我们被认为是世界上推动贸易和投资自由化便利化的最大旗手，积极主动同西方国家形形色色的保护主义作斗争。”推动贸易和投资自由化便利化公正化，反对狭隘保护主义和美国用国内法凌驾于国际法之上，符合世界各国共同利益，也是我国的一贯主张。近年来，我国在国际舞台上一次次主导着国际经济事务，积极推进合作共赢的国际新经济秩序，赢得了全世界的瞩目和尊重。我们应看到，我国经济改革开放发展的国际大环境和周边环境总体上是比过去任何时候都更为有利，比以往任何时候都更加接近世界经济舞台的中心（次中心或准中心），但同时我们面临的风险和挑战也前所未有，必须提出新策略做出新作为。我们既要通过“一带一路”等国际合作，正面引导公正合理的经济全球化，也要与西方国家各种以邻为壑的保护主义进行斗争，逐渐构建人类命运共同体和各国利益共同体。

14. 关于斗争方式方法：敢于斗争、善于斗争。2016 年 12 月，习近平总书记指出：“面对新形势新挑战，要发扬斗争精神，既要敢于斗争，又要善于斗争，在事关中国特色社会主义前途命运的大是大非问题上坚定不移，在改革发展稳定工作中敢于碰硬，在全面从严治党上敢于动硬，在维护国家核心利益上敢于针锋相对，不在困难面前低头，不在挑战面前退缩，不拿原则做交易，不在任何压力下吞下损害中华民族根本利益的苦果。”世界历史的车轮滚滚向前、崭新时代的潮流浩浩荡荡，但人类文明进步的步伐从来都是在同困难的斗争中前进的，社会主义的康庄大道也是在同资本主义、封建主义的斗争中开拓的。以习近平同志为核心的党中央正是敢于斗争、善于斗争，才带领全党和全国人民取得了中国特色社会主义的新成就，开辟了中国特色社会主义新时代。

（王中保：中国社会科学院马克思主义研究院《国际思想评论》编辑部主任、副研究员；程恩富：中国社会科学院大学特聘首席教授、博士生导师、中国社会科学院学部委员）

准确把握伟大斗争要义*

郝永平

习近平总书记在庆祝中国共产党成立100周年大会上的讲话中强调："以史为鉴、开创未来，必须进行具有许多新的历史特点的伟大斗争。敢于斗争、敢于胜利，是中国共产党不可战胜的强大精神力量。"这是以习近平同志为核心的党中央对我们党在历经百年沧桑、饱经百年风霜而取得历史成就的经验总结，也是对未来前进道路上可以预见和难以预见的风险挑战的科学预判。

当前，在学懂弄通做实习近平新时代中国特色社会主义思想的过程中，广大党员干部群众在总体上能够正确认识伟大斗争的必要性、紧迫性和重要性，并积极参与到伟大斗争实践中。但是，仍然有一些人在理解伟大斗争时存在诸多认识误区，对伟大斗争的概念和内涵、性质和条件、目的和手段存在误解、曲解。因此，从学理上进一步廓清迷雾、正本清源，全面准确深入理解伟大斗争，无疑具有重要理论意义与实践价值。

一、关于和平年代也需要进行伟大斗争的认识

在烽火硝烟的战争年代，没有伟大斗争就不可能推翻反动政

---

* 选自《马克思主义理论教学与研究》2022年第1期。

权，更难以取得革命的胜利。而在今天，和平与发展已经成为时代主题，妥善处理人民内部矛盾已成为国家政治生活的主题，关键是把发展作为党执政兴国的第一要务，在构建社会主义和谐社会的同时利用好和平的国际环境。因此，一些人可能以为，在和平年代是不需要斗争或者准备斗争的。这种认识完全是以偏概全。

第一，斗争与和平是互为条件的。斗争与和平是辩证统一的，没有战争年代英勇无畏的革命斗争，就不可能换来今日的和谐安定；而今日如果完全放弃伟大斗争，很可能会葬送和平。即使处在和平年代，依然要对矛盾、问题和隐患保持高度的警惕、警醒和警觉，“夙兴夜寐”，“朝乾夕惕”，否则就会陷入“温水煮青蛙”的境地。这是治疗发展起来以后容易滋生的“富贵病”的一剂良药，也是治疗承平日久之后容易滋生的“麻木症”的一剂猛药。那种认为和平年代不需要斗争的观点，实际上是用“岁月静好”的思维冲淡了对斗争的警惕，用“和平建设”的期望削弱了伟大斗争的准备。

第二，斗争具有绝对性与无条件性。马克思主义认为，斗争的运动是绝对的、无条件的，“对立面的统一（一致、同一、均势）是有条件的、暂时的、易逝的、相对的。相互排斥的对立面的斗争则是绝对的，正如发展、运动是绝对的一样”。人们在认识和改造世界的过程中，旧的问题和情况解决了，新的问题和情况就会随即产生，斗争的内容和形式也会相应发生变化。恩格斯在《流亡者文献》中指出，“任何一次真正的革命都是社会革命，因为它使新阶级占据统治地位并且让这个阶级有可能按照自己的面貌来改造社会”。疾风骤雨、血雨腥风的暴力革命是伟大斗争，生产关系的调整和上层建筑的完善是伟大斗争，而统治阶级内部的自我完善、自我革命也是伟大斗争。

第三，在和平年代进行伟大斗争具有必要性与紧迫性。当今世界正处于百年未有之大变局，我国面临难得的发展机遇，但不确定性因素也逐渐增多，充满着无数艰难险阻、风险考验。其中既有来自国际上的“围追堵截”，又有来自国内的“干扰迷惑”；既有国家主权、发展利益等面临的挑战，又有政治、经济、文化、社会、生态等各领域潜藏的难题。因此，要深刻认识斗争的长期性、严峻性、复杂性，时刻做好迎接斗争的准备，宁可备而不用，不可用时无备。

二、关于进行伟大斗争必定是以对历史教训的总结和吸取为前提的认识

20 世纪中期以后，由于复杂的历史原因，党在指导思想上发生了偏差，一度以阶级斗争为纲，因而造成了严重后果，留下了深刻教训。因此，一提起伟大斗争，有些人就会联想到过去讲的阶级斗争，常常发出“是不是要重新回到以阶级斗争为纲”的疑问，对当前进行的伟大斗争有明显的误解和逆反。这种观点是偏颇的。

第一，不能以历史上的教训来观察今天的现实。党的十一届三中全会根据国内外形势的变化，及时提出将党和国家的工作重心从“以阶级斗争为纲”转变到社会主义现代化建设上来，强调大规模的疾风暴雨式的阶级斗争已经基本结束。在此基础上，党领导人民逐步开创了改革开放和社会主义现代化建设的新局面。今天进行伟大斗争，是为了同一切否定党的领导、否定社会主义制度、损害人民利益、破坏祖国统一等现象和行为作斗争，绝不是重蹈“以阶级斗争为纲”的覆辙。正如邓小平强调：“社会主义社会目前和今后的阶级斗争，显然不同于过去历史上阶级社会的阶级斗争，这也是客观的事实，我们不能否认，否认了也要犯严重的错误。”

第二，应注重区分两类不同性质的矛盾。社会主义社会存在着敌我矛盾和人民内部矛盾这样两类不同性质的矛盾，应该严格区分、正确处理。《中华人民共和国宪法》在《序言》部分指出："在我国，剥削阶级作为阶级已经消灭，但是阶级斗争还将在一定范围内长期存在。中国人民对敌视和破坏我国社会主义制度的国内外的敌对势力和敌对分子，必须进行斗争。"党的十九大通过的《中国共产党章程（修正案）》明确规定："由于国内的因素和国际的影响，阶级斗争还在一定范围内长期存在，在某种条件下还有可能激化，但已经不是主要矛盾。"因此，要按照宪法和法律规定的程序去区分，决不允许逾越两类不同性质矛盾的界限，决不允许损害社会主义现代化建设所需要的安定团结的政治局面。

第三，斗争形式具有对抗性与非对抗性之分。毛泽东对于斗争形式很早就明确提出："对抗是矛盾斗争的一种形式，而不是矛盾斗争的一切形式。"从辩证唯物主义来说，矛盾和斗争是普遍的、绝对的，但是解决矛盾的方法即斗争的形式则因矛盾的性质不同而各异，不能将矛盾斗争完全等同于对抗。对于这一点的认识必须清醒而坚定，否则就会重犯阶级斗争扩大化的错误，干扰甚至中断经济社会发展大局。

三、关于进行伟大斗争绝不会冲击经济建设中心地位的认识

新时代，我们党对伟大斗争高度重视，将其与伟大梦想、伟大事业、伟大工程相提并论。有些人不免心有顾虑，这是否会冲击经济建设的中心地位？是否会动摇党的基本路线的贯彻落实？这种错误观点只见树木不见森林，割裂了伟大斗争与经济发展的关系。

第一，应立足社会主义初级阶段来看待问题。改革开放以来，

虽然我国经济实力和综合国力有很大发展，各项事业取得举世瞩目的成就，中国特色社会主义进入新时代，但我国仍处于并将长期处于社会主义初级阶段的基本国情没有变。清醒地认识和把握我国的基本国情，是保证我们党的理论、路线、方针、政策和党的全部工作既不割断历史又不迷失方向、既不落后于时代又不超越阶段的关键。同样，进行伟大斗争也必须立足于社会主义初级阶段，必须聚焦国际国内形势的复杂变化，必须始终坚持党的基本路线。因此，如果说社会主义初级阶段是坚持党的基本路线的立足点，那么坚持党的基本路线则是进行伟大斗争的基本前提。

第二，推进伟大斗争必须确保经济建设的中心地位。党的十一届三中全会前，正是由于我们忽视了发展生产力，没有把经济建设放在一切工作的首位，才因思想认识的偏差而酿成了十年动乱。在中国特色社会主义新时代，在“五位一体”总体布局中，经济建设处于最重要、最根本的地位，对于促进政治建设、文化建设、社会建设和生态文明建设发挥着基础性、决定性作用。一旦动摇了经济建设的中心地位，社会结构就会严重失衡，社会运行就会功能紊乱，进行伟大斗争就会走入歧途。

第三，进行伟大斗争可为经济建设消除阻力、化解风险、扫清障碍。实现第二个百年奋斗目标，必须准确把握我国所面临的机遇和挑战，立足新发展阶段、贯彻新发展理念、构建新发展格局，推动高质量发展。在新征程上进行伟大斗争，就是要尽力创造条件，在解决矛盾中促进更好发展。只有通过伟大斗争，在转方式、调结构、增效益等方面攻坚克难，在补短板、强弱项方面攻坚克难，在防范和化解重大风险方面攻坚克难，才能解决经济发展过程中出现的一系列深层次问题，为建设社会主义现代化强国奠定坚实基础。因此，开展伟大斗争不仅不与以经济建设为中心相对立，还必须紧密围绕党的基本路线、严格遵从党的基本路线、始终服务于党的基本路线。

四、关于进行伟大斗争是赢得团结和谐的基本条件的认识

有种观点认为，进行伟大斗争就是一味斗争、到处斗争、不断斗争，是没有任何妥协、让步和合作的势不两立，由此可能会破坏团结、和谐与稳定。只有用“和气”“妥协”甚至“退让”等看似平和的方式，才能赢得团结和谐稳定。这是形而上学的片面性。

第一，矛盾双方是相互依存的。从唯物辩证法来看，事物内部矛盾着的双方既有同一性的一面，也有斗争性的一面，这两方面都不可或缺，共同构成对立统一关系，它们的相互作用决定着事物特性。从现实情况来看，事物矛盾的法则，即对立统一的法则，是自然界和人类社会的根本法则。我们常见的敌对阶级、敌对势力之间在各个方面所展开的生死搏斗，生物界中所进行的弱肉强食、互相吞噬等生存竞争，机械运动中的吸引和排斥、物理运动中的阴电和阳电、化学运动中的化合和分解、生物运动中的遗传和变异，都属于矛盾的斗争性。斗争性寓于同一性之中，并为同一性所制约，没有同一性，就无所谓斗争性；但没有斗争性，就没有矛盾双方的相互依存和相互贯通，事物就不能存在和发展。那种只看到二者区别、忽视二者联系的观点是极端片面的。

第二，矛盾双方是相互转化的。马克思主义认为，矛盾双方相互贯通、相互渗透，在一定条件下可以相互转化。斗争和团结历来就是一枚硬币的两个面，没有斗争也就无法真正实现团结；有效的斗争会为团结创造有利的条件，在一定条件下会促进团结、实现团结。

第三，斗争手段与斗争目的是对立统一的关系。在历史上，

面对帝国主义列强的挑衅与侵犯，清政府以退缩、媾和、妥协企图求得和平与安宁，最终招致了割地赔款、丧权辱国的恶果。在抗美援朝战争中，中国人民志愿军和朝鲜人民以正义之师行正义之举，以艰苦卓绝的斗争战胜了“钢多气少”的联合国军，实现了“打得一拳开，免得百拳来”的目的，彻底粉碎了帝国主义将战争强加于新中国头上的野心与企图，从而为社会主义革命和建设赢得了相对和平的外部环境。毛泽东在《目前抗日统一战线中的策略问题》中指出：“以斗争求团结则团结存，以退让求团结则团结亡。”斗争是团结的手段，团结是斗争的目的。中国共产党用“团结——批评——团结”的公式处理党内关系、党内矛盾，这就是“从团结的愿望出发，经过批评或者斗争，分清是非，在新的基础上达到新的团结”。要想真正实现团结的目标，不仅不能放弃斗争，还要运用实际而有效的斗争手段，掌握灵活机动的斗争策略，才能达到团结、和谐、合作、共赢的目的。

五、关于在意识形态领域应随时准备亮剑的认识

在一些人看来，主流意识形态应该具有开放性、包容性、进步性，“让人说话，天塌不下来”，认为意识形态这根弦不必绷得太紧，更不必随时准备斗争、随时准备亮剑；只需在大风大浪的时候重视意识形态工作，风平浪静的时候则可以放松对意识形态领域的管控，以此来保护和促进思想的自由发展。这种认识是错误的、有害的。

第一，不能把思想自由与其前提条件割裂开来。思想自由不是绝对的、无限制的自由，而是基于一定纪律和规则之上的自由。马克思恩格斯指出：“人们每次都不是在他们关于人的理想所决定和所容许的范围之内，而是在现有的生产力所决定和所容许的范

围之内取得自由的。”只有认识和利用必然性，才能获得自由；只有遵守纪律、制度与规则，思想自由才能实现。笼统地认为思想自由不需要任何前提条件，不需要纪律、规则、法律的约束，追求思想自由可以放弃斗争，这种观点不仅是荒谬的，而且更难以保障真正的自由。

第二，意识形态领域的现实形势是复杂而严峻的。当前，意识形态领域并不平静，思想意识多元多样多变的特征日益明显，不同思想文化交流交融交锋的现象依然突出，西方“宪政民主”“普世价值”“新自由主义”“历史虚无主义”等思潮竭力争夺意识形态话语权。敌对势力把社会主义中国的发展壮大视为对资本主义道路和制度的挑战，不断加大对中国战略遏制的力度，企图抹黑中国道路、理论、制度和文化；信息化时代呈现出信息点多面广、传播速度快的特点，网络舆论治理难度加大，因而意识形态领域渗透与反渗透的斗争形势复杂尖锐，争夺人心、争夺阵地的斗争也十分激烈。正因为如此，习近平总书记多次强调：“一刻也不能放松和削弱意识形态工作，必须把意识形态工作的领导权、管理权、话语权牢牢掌握在手中，任何时候都不能旁落。”

第三，意识形态斗争发挥着重要作用。马克思说：“如果从观念上来考察，那么一定的意识形式的解体足以使整个时代覆灭。”习近平总书记多次强调：“经济建设是党的中心工作，意识形态工作是党的一项极端重要的工作。”意识形态作为国家上层建筑重要组成部分，决定文化前进方向和发展道路，关系到一个国家举什么样的旗帜、确立什么样的制度、坚持什么样的理论、走什么样的道路等重大问题。能否做好意识形态工作，能否在意识形态领域进行伟大斗争，事关党的前途命运，事关国家长治久安，事关民族凝聚力和向心力。在任何时候任何情况下，我们都不能忽视意识形态的作用，也不能削弱意识形态斗争，更不能放弃社会主义意识形态阵地。

六、关于反腐败斗争不能松口气、歇歇脚的认识

随着反腐败工作的深入推进，这场斗争已经取得了压倒性胜利。在这种情况下，有人认为反腐败可以适可而止，可以对反腐败斗争的要求“松口气”，对反腐败斗争的行动“歇歇脚”。这种认识本质上是错误的、有害的。

第一，不能把压倒性胜利与最后全面彻底胜利混为一谈。党的十八大以来，以习近平同志为核心的党中央强力推进“打虎”“拍蝇”“猎狐”，反腐败斗争取得了压倒性胜利，但并没有取得完全、彻底、最终胜利。对此，习近平总书记反复告诫全党：“在全面从严治党这个问题上，我们不能有差不多了，该松口气、歇歇脚的想法，不能有打好一仗就一劳永逸的想法，不能有初见成效就见好就收的想法。”

第二，反腐败斗争具有长期性、艰巨性、复杂性。当前，“传统腐败和新型腐败交织，贪腐行为更加隐蔽复杂。腐败问题和不正之风交织，‘四风’成为腐败滋长的温床。腐蚀和反腐蚀斗争长期存在，稍有松懈就可能前功尽弃”。腐败是一个社会历史现象，腐败问题对党和国家事业造成的危害往往是严重的、可怕的，因而反腐败斗争不是一劳永逸的，而是一个具有长期性、艰巨性、复杂性的过程。

第三，要充分估计反腐败斗争中减少存量、遏制增量的难度。腐败存量是产生增量的土壤和成因，但解决增量腐败在一定意义上比清除存量更难。习近平总书记在十九届中央纪委五次全会上发表重要讲话时强调：“必须清醒看到，腐败这个党执政的最大风险仍然存在，存量还未清底，增量仍有发生。”面对严峻复杂的腐败形势，绝不能抱有侥幸心理，绝不能产生松劲情绪，而要始终

保持“零容忍”态度惩治腐败，坚决控制影响反腐败的变量因素。党风廉政建设永远在路上，反腐败斗争永远在路上。我们党作为百年大党，要永葆先进性和纯洁性、永葆生机活力，必须一刻不停推进党风廉政建设和反腐败斗争，坚决与反腐败要松口气、歇歇脚等错误认识作斗争，坚持不松劲、不停歇，才能夺取反腐败斗争彻底胜利。

七、关于新时代进行伟大斗争绝不意味着中国共产党人喜斗、爱斗、好斗的认识

有些国家和国外政客以极大的偏见抨击中国共产党领导的伟大斗争，甚至颇有微词地指出中国共产党是一个历来热衷于斗争的党，历史上热衷于推动本阶级与其他阶级之间的斗争；当前继续进行伟大斗争，正是中国共产党人喜斗、爱斗、好斗的表现。这种认识片面地以主观态度掩盖客观情势。

第一，社会存在对社会意识起着决定作用。唯物史观认为，不是社会意识决定社会存在，而是社会存在决定社会意识。纵观党的百年历史，中国共产党人的斗争并不是由主观喜好决定的，恰恰是因客观情势所迫，由当时所面临的复杂形势和艰巨任务所决定的。土地革命战争时期，面对敌人的围剿追击，不进行二万五千里长征，红军就不会转危为安；抗日战争时期不殊死战斗赶走日本侵略者，就有亡国的危险；解放战争时期不坚决打倒国民党反动派，就无法建立新中国。20 世纪 50 年代，不进行抗美援朝，就无法巩固新生的人民政权。1978 年，改革开放初期不破除落后的思想观念与僵化的体制机制，不推进改革开放新的伟大革命，就不会开创中国特色社会主义新局面。习近平总书记多

次强调，“我们共产党人的斗争，从来都是奔着矛盾问题、风险挑战去的”。当前，我国发展形势总体上是好的，但也面对着云谲波诡的国际形势、复杂敏感的周边环境、艰巨繁重的改革发展稳定任务。越是取得成绩的时候，越是要有如履薄冰的谨慎，越是要有居安思危的忧患，越是要准备进行伟大斗争，绝不能犯战略性、颠覆性错误。

第二，党通过伟大斗争取得了伟大历史成就并为人民带来了幸福生活。100 年来，我们党在内忧外患中诞生，在艰难困苦中成长，在久经磨难中壮大，伟大斗争始终伴随着中国共产党从成立到成长、从幼稚到成熟、从失败到成功。创造新民主主义革命的伟大成就，靠的是浴血奋战的伟大斗争；创造社会主义革命和建设的伟大成就，靠的是发愤图强的伟大斗争；创造改革开放和社会主义现代化建设的伟大成就，靠的是锐意进取的伟大斗争；创造新时代中国特色社会主义的伟大成就，靠的是守正创新的伟大斗争。四个“伟大成就”是依靠伟大斗争取得的，人民来之不易的幸福生活也是伟大斗争的胜利果实。

第三，中国共产党本质上是真正爱好和平、维护和平的马克思主义政党。中华民族是爱好和平的民族。近代以来，中国共产党和中国人民从苦难中走过来，“深知和平的宝贵，最需要在和平环境中进行国家建设，以不断改善人民生活”。中国共产党和中国人民历来是促进世界和平与发展的积极力量，始终坚持独立自主的和平外交政策，始终不渝走和平发展道路，坚决做世界和平的建设者和维护者。中国是联合国安理会 5 个常任理事国中派出维和人员最多的国家，自 1990 年至 2020 年累计派出维和官兵 4 万余人次，参加 20 余项联合国维和行动，被国际社会誉为“维和行动的关键因素和关键力量”。

八、关于在国际上进行伟大斗争是坚持和平发展道路的体现的认识

有人认为，自地理大发现以来五百年的世界历史就是一部国强必霸的历史，资本主义现代化进程始终伴随着血雨腥风。随着中国经济实力和综合国力的快速提升，西方国家甚至包括一些发展中国家也因此对中国保持警惕，认为中国强大起来以后必然会对外扩张、谋求霸权，搞强权政治，“中国威胁论”“国强必霸论”等甚嚣尘上。这种认识是错误的。

第一，不能把国强必霸的逻辑强加于中国。从16世纪的葡萄牙、西班牙，到17世纪的“海上马车夫”荷兰，再到18、19世纪的“日不落帝国”英国，再到20世纪的美国，国强必霸的确是一个基于统计的大概率事件。在实现现代化的进程中，这些国家强大起来后无一例外都走上了霸权主义的道路，在资本逻辑的驱使下，在全球范围内疯狂地掠夺、占领、扩张。但是，中国作为社会主义国家从根本上不同于资本主义国家，并没有复制昔日大国依靠战争、掠夺、扩张的老路，而是坚定选择走和平发展、合作共赢的崛起之路。习近平总书记强调，“中国将始终做世界和平的建设者，坚定走和平发展道路，无论国际形势如何变化，无论自身如何发展，中国永不称霸、永不扩张、永不谋求势力范围”。中国的和平崛起不但改写了“国强必霸”的发展逻辑，还以和平的方式、文明的姿态成功开辟了“强而不霸”的大国复兴之路。

第二，中国在反对霸权主义、维护世界和平方面作出了重要贡献。近代中国衰落之后，一直都是霸权主义的受害者；在中国共产党领导下取得国家和民族独立之后，也一直是世界反殖民反霸权的重要力量。邓小平直言：“中国革命胜利后，一直奉行反对

霸权主义、维护世界和平、支持一切被压迫民族独立和解放斗争的政策。这个任务还没有结束，可能至少还要进行一个世纪的斗争。反对霸权主义不是一件容易的事。”20 世纪六七十年代，中国在最困难的时期坚持“两个拳头打人”，一手反对以美国为首的帝国主义，一手反对以苏联为首的修正主义。改革开放以来，历届中国领导人和中国政府都在不同场合、以不同形式承诺“中国绝不称霸”，并声明坚决反对各种形式的霸权主义和强权政治。当前正在进行具有许多新的历史特点的伟大斗争，在国际上就是一场反对霸权主义和强权政治的斗争，就是为了避免中华民族伟大复兴进程被霸权主义等打断，同时以斗争求团结，坚持“永不称霸”来争取更多国家的支持与合作，营造更加有利的国际环境，为追求和平进步的人类崇高事业作出贡献。

第三，构建人类命运共同体思想在维护世界和平、促进共同发展中正在发挥重要作用。当今世界正处于大发展大变革大调整时期，和平与发展仍然是时代主题。与此同时，世界面临的不稳定性不确定性明显增加，霸权主义、强权政治依然存在，单边主义、保护主义明显上升，气候变化、生物安全、重大传染性疾病挑战日益严峻，传统安全和非传统安全威胁层出不穷，治理赤字、信任赤字、和平赤字、发展赤字客观存在。面对“世界应该何去何从”的时代之问，习近平总书记站在人类发展进程的高度，准确把握历史前进方向，提出“构建人类命运共同体”的重大战略思想，主张建设“持久和平、普遍安全、共同繁荣、开放包容、清洁美丽”的世界，其中“持久和平”处于领先位置。为此，就必须强化底线思维和风险意识，旗帜鲜明反对霸权主义和强权政治、抵制单边主义与保护主义，还要坚持对话协商，在国家之间构建平等相待、互谦互让的伙伴关系。

〔郝永平：中共中央党校（国家行政学院）教授、博士生导师〕

斗争精神

共产党人敢于斗争的哲学意蕴*

王喜国　刘芳

（一）破解矛盾、迎难而上的艰苦奋斗精神

我们党生于忧患、成长于忧患、壮大于忧患，一路走来遭遇过无数艰难险阻、生死考验。但我们党从来没有在困难面前低头，更没有被磨难压倒，而是在生死斗争和艰苦奋斗中经受住各种风险考验、付出巨大牺牲，锤炼出不怕苦、能吃苦、不怕死，敢于和善于在艰苦环境中奋斗、创造、开拓的精神品质。艰苦奋斗就是我们党克敌制胜、一往无前的精神动力，是我们党筚路蓝缕奠基立业的精神密码。

中国共产党作为“使命型政党”，为中国人民谋幸福，为中华民族谋复兴，是中国共产党的初心和使命，这一崇高使命决定了中国共产党在发展过程中必将面临长期、复杂而艰巨的矛盾和问题。

有矛盾就必然有斗争。在血雨腥风的战场上，共产党人要同反动派和侵略者作殊死的斗争；在激情燃烧的建设岁月，共产党人要同落后的社会生产力、同盘根错节的旧生产关系作斗争。在中西交汇的改革开放年代，中国越发展，面临的内外矛盾和风险

---

* 节选自《中国井岗山干部学院学报》2021 年第 6 期，原文题为《新时代坚持敢于斗争的科学内涵与实践路径》。

就越多，今天世界格局面临新的变化和调整，中国同世界是竞争与合作共存的关系，竞争就必然有斗争，我们要同西方意识形态的冲击作斗争、同各种可预知和不可预知的风险挑战作斗争；共产党人要处理人民内部矛盾，要同贫穷作斗争、同僵化保守的思维定式作斗争；要推进全面从严治党的伟大工程，都需要进行一系列新的特点的伟大斗争。这是中国共产党完成使命任务的题中应有之义，也是中国共产党与生俱来的精神特质。回望百年，无论遇到何种艰难困苦、风险挑战，共产党人都不畏惧、不退缩、不消沉，发扬艰苦奋斗精神，一步步变被动为主动、变不利为有利，从而杀出血路、打开新局。俱往矣，中国共产党在中华民族的深重苦难中诞生，在“三座大山”的重重压迫中抗争，带领人民群众在一无所有中奋进，发展至今天成了拥有9500多万名党员的世界第一大执政党，把中国建设成全世界第二大经济体，靠的就是这种破解矛盾、迎难而上的艰苦奋斗精神。所以，习近平总书记明确指出：“我们党在革命、建设、改革各个历史时期都遇到了种种艰难险阻，我们的事业成功都是经过艰辛探索、艰苦奋斗取得的。”十九届六中全会通过的《中共中央关于党的百年奋斗重大成就和历史经验的决议》反复强调：“越是伟大的事业，越充满艰难险阻，越需要艰苦奋斗。”

（二）敢为人先、敢于担当的牺牲奉献精神

不怕牺牲、英勇斗争，对党忠诚、不负人民，正是伟大建党精神的一部分，构成中国共产党的基因组序列。中国共产党是中国工人阶级的先锋队，同时是中国人民和中华民族的先锋队。共产党带领人民从事的中国特色社会主义事业是前无古人的伟大事业，这就决定了党要完成的这场伟大斗争、伟大工程、伟大事业、伟大梦想不仅是“在斗争中诞生、在斗争中发展、在斗争中壮大

的”，还要有强烈的政治担当、责任担当和使命担当精神，更要有无私奉献、不怕牺牲的斗争精神，就如党员入党誓词中的庄严宣告：“随时准备为党和人民牺牲一切”。

共产党员是这么承诺的，在实践中也是这么做的。1934 年底，为了粉碎敌人围歼红军于湘江以东的企图，几万名红军将士血战湘江。年仅 29 岁的师长陈树湘，身负重伤被俘后绞断自己的肠子壮烈牺牲，用生命践行了他“为苏维埃新中国流尽最后一滴血”的誓言。共产党员敢于牺牲奉献不仅表现在硝烟弥漫的战场上，也表现在改革大业的敢试敢闯上，表现在抗洪抢险、抗震救灾、抗击疫情、脱贫攻坚等的急难险重任务中，表现在日常生活的方方面面。战场上永远冲锋在前，“怕死的不是共产党员”；建设中永远吃苦在前，“宁肯少活二十年，拼命也要拿下大油田”；疫情肆虐时义无反顾，“我是党员，我先上”；在平凡的岗位的几十年如一日的默默坚守，“让一个个病人重新获得新生”的吴孟超等，这些都是无数共产党员牺牲奉献的一个缩影。毛泽东指出：“我们中华民族有同自己的敌人血战到底的气概，有在自力更生的基础上光复旧物的决心，有自立于世界民族之林的能力。”正是靠着这种敢为人先、敢于担当的牺牲奉献精神，才有了共产党领导下的各项事业兴旺发达。正如习近平总书记指出：“敢于斗争是我们党的鲜明品格。我们党依靠斗争走到今天，也必然要依靠斗争赢得未来。”

（三）居安思危、刀口向内的自我革命精神

通常意义上的政党“革命”，指的是刀口向外，针对的是敌人或是外部存在的问题进行不遗余力的斗争。政党要想发展，成为一个伟大光荣正确的政党，并经得起历史的检验，能够长期执政，跳出历史周期率，就必须具有比对敌斗争更艰难、下定更大

政治决心的自我革命精神，即“革自己的命”。中国共产党从成立之初仅有50多人的弱小政治力量，成长为在风云变幻、九死一生的近代中国政治舞台上发展壮大，脱颖而出，承担起历史的重任，始终走在时代前列的政党，其根本原因就在于中国共产党在中国革命、建设和改革的火热实践中，始终做到居安思危、自我革命、自我超越，并以伟大自我革命引领伟大社会革命。

新民主主义革命时期，毛泽东强调全党“必须有‘承认错误并且改正错误’的这样一条原则”，党也一直具有同“左”和右的两种错误路线作斗争的勇气和智慧，有批评和自我批评的优良作风，不断地纠正党内出现的各种错误倾向和不正之风。改革开放初期，邓小平解放思想，拨乱反正，果断停止“以阶级斗争为纲”，把全党工作重心转到以经济建设为中心上来，用实际行动证明“我们党敢于正视和纠正自己的错误，有决心有能力防止重犯过去那样严重的错误”。新的历史条件下，针对党依然面临着极大的风险与挑战，“四大考验”“四种危险”始终存在的现实状况，习近平总书记强调必须“坚持问题导向，以自我革命的政治勇气，着力解决党内存在的各种问题”。党的十八大以来，以习近平同志为核心的党中央以巨大的政治勇气和雷霆万钧之势开启了新一轮自我革命。比如，实施中央八项规定转变作风，全面规范党内政治生活，坚决查处一系列重大腐败案件，扎紧制度笼子加强党内监督，深入开展党的群众路线教育实践活动、“两学一做”学习教育、“不忘初心、牢记使命”主题教育、党史学习教育，都是在新的历史条件下继续进行的自我革命。正如《决议》指出：“先进的马克思主义政党不是天生的，而是在不断自我革命中淬炼而成的。党历经百年沧桑更加充满活力，其奥秘就在于始终坚持真理、修正错误。”

（四）较真碰硬、无私无畏的真抓实干精神

中国共产党具有远大的政治理想，但同时理想的实现丝毫也离不开真抓实干的斗争精神。“空谈误国，实干兴邦”“不干，半点马列主义也没有”。中国共产党能够战胜一个又一个困难，从胜利走向胜利，靠的就是这种真抓实干的敢于斗争精神，这也正是共产党人对“实践论”和“矛盾论”的生动运用。

实践之路从来不是布满鲜花的坦途，而是充满了荆棘、坎坷、险滩和陷阱，尤其是弱者迈向强者的征途，更是凶险无比。大革命失败后，中国革命受到了极大摧残，几乎成了微弱残存的星星之火。在险恶的环境之中，来不得半分虚假和侥幸，共产党人把马克思主义基本理论与中国实际结合起来，把握中国革命的特点和规律，通过实干积蓄力量，逐渐改变不利局势，把握主动权，也就是毛泽东所说的不管面临多大的困难和多么强大的敌人，都要发挥“主观能动性”和“主观的努力”，“通过这样许多战役的局部优势和局部主动地位，就能逐渐地造成战略的优势和战略的主动地位”。共产党人以“愚公移山”和“自己动手，丰衣足食”的实干精神，让星星之火终成燎原之势，最终推翻“三座大山”，建立新中国，建立起独立完整的工业体系和国民经济体系，拥有“两弹一星”……使新中国在短时间内完成了西方资本主义国家两三百年走过的历程。邓小平坚持并丰富了实践标准，重新确立马克思主义“解放思想、实事求是”的思想路线，科学评价毛泽东和毛泽东思想，为全党树立实事求是和实干精神的典范。如今，在以习近平同志为核心的党中央领导下，实干精神已经成为新时代的标志，成为全党全国上下的一致共识。正如习近平总书记所说：“为实干者撑腰，为干事者鼓劲，以昂扬的精神状态推动改革不停顿、开放不止步。”中国共产党在实干中赢得时势人心、创造了战胜席卷世界的新冠肺炎疫情、打赢脱贫攻坚战等一个又一个

人间奇迹。实现中华民族伟大复兴这场斗争又是一场“新的伟大长征”，既有着正面或侧面或背面的“围追堵截”，又有着充满风险和挑战的“雪山草地”。与此同时，前进道路上还将面对许多新的“娄山关”“腊子口”，还将遇到各种各样可以预料和不可预料的“暗礁险滩”。这就要求中国共产党人必须继续“保持越是艰险越向前的英雄气概，敢于斗争、善于斗争，逢山开道、遇水架桥，做到难不住、压不垮，推动中国特色社会主义事业航船劈波斩浪、一往无前”。

（王喜国：大连科技学院马克思主义学院副教授；刘芳：国防大学政治学院教授）

敢于斗争　敢于胜利*

——解读西柏坡时期中国共产党军事斗争的精神特征

谢燕红

“敢于斗争、敢于胜利”是西柏坡精神的重要内涵，是西柏坡时期中国共产党军事斗争最重要的精神特征和要义，它贯穿于西柏坡时期中国共产党和国民党军队军事较量的全过程，为中国共产党最终推翻专制、独裁的国民党反动政权，建立独立、自由、民主的新中国，最终实现人民解放事业提供了重要的精神保障和力量源泉。

一、战略防御——敢于蔑视强敌，树立必胜信心

1946 年 6 月，蒋介石集团公开撕毁“双十协定”，全面内战爆发。当时国共两军实力对比，国民党方面占据明显优势，共产党面临的内外局势非常严峻。共产党敢不敢以革命战争来反对反革命战争，怎样才能在战争中推翻国民党蒋介石集团的反动统治，这是中国共产党必须回答的根本性问题。

---

* 节选自《河北经贸大学学报》（综合版）2019 年第 2 期。

（一）一切反动派都是纸老虎

在战争初期，国民党与共产党双方兵力的对比差距较大。国民党方面总数达430万人。共产党方面，只有61万人的正规军和66万人的地方部队和后方机关人员，总数127万人。国民党军队装备先进，武器精良，拥有大量的炮兵，还有相当数量的坦克、飞机和舰艇。共产党方面只有缴获日军的各种步兵火器以及极少的山炮、野炮，没有坦克，更没有作战舰艇。国民党方面控制着全国大部分的大城市和主要交通干线，控制着占全国76%的土地和71%的人口，控制着全部工业。而共产党方面，只占有全国24%的土地和29%的人口，经济上主要依靠农业和手工业生产，交通运输只靠人拉肩扛，军工生产基础薄弱。在国内，一些中间派人士被反动派的表面强大所迷惑，产生了悲观情绪和畏惧心理，甚至主张共产党应妥协退让；在国际上，美国加紧进行"冷战"和反共，苏联也并不看好中国共产党。

面对如此严峻的形势，中国共产党必须回答敢不敢用革命战争来反对反革命战争的问题。在此局面下，为了揭露美帝国主义和蒋介石的虚弱本质，鼓舞军民斗志，树立必胜的信念，毛泽东综合分析了国际形势和国内形势，在同美国记者安娜·路易斯·斯特朗的谈话中明确提出了"一切反动派都是纸老虎"的著名论断。他列举了世界战争史上俄国沙皇和德国的希特勒、意大利的墨索里尼以及日本帝国主义的例子，来说明这些反动力量从表面上看是强大的可怕的，"但是实际上并没有什么了不起的力量。从长远的观点看问题，真正强大的力量不是属于反动派，而是属于人民"。当斯特朗问到对美国使用原子弹有何看法时，毛泽东说："原子弹是美国反动派用来吓人的一只纸老虎，看样子可怕，实际上并不可怕"。他坚信，决定战争胜负的因素是人民，而不是国民党所谓的一两件新式武器。熟读中国历史的毛泽东十分坚定地说："拿中国的情形来说，我们所依靠的不过是小米加步枪，但是历史最后将证明，这小米加步枪比蒋介石的飞机加坦克还要强些。虽然在中国人民面前还存在着许多困难，中国人民在美国帝国主义和中国反动派的联合进攻之下，将要受到长时间的苦难；但是这些反动派总有一天要失败，我们总有一天要胜利。这原因不是别的，就在于反动派代表反动，而我们代表进步。""一切反动派都是纸老虎"的论断正是毛泽东透过当时纷繁复杂的军事政治形势看到了战争的本质，看到帝国主义和一切反动派在人民战争面前都是不堪一击的纸老虎的事实。

（二）正义的战争必定战胜非正义的战争

在严峻的形势面前，毛泽东还站在人民解放战争正义性的角度，为全党树立敢打必胜的信心和决心。他明确指出："蒋介石虽有美国援助，但是人心不顺，士气不高，经济困难。我们虽无外国援助，但是人心归向，士气高涨，经济亦有办法。因此，我们是能够战胜蒋介石的。全党对此应当有充分的信心。"蒋介石发动内战是反人民、非正义的，我们正是用正义战争反对蒋介石的非正义战争。

所谓"正义性"，是因为我们共产党是代表着人民的根本利益，是建立在人民群众支持的基础之上的，只要动员了广大人民群众，就会让敌人陷于灭顶之灾的汪洋大海，我们就会变不利为有利，化被动为主动，克服一切困难，取得战争的最终胜利。而蒋介石集团是代表大地主大资产阶级利益的，社会基础极其薄弱，这一阶级本性决定了其战争的性质是反人民和非正义性，归根结底是要失败的。我们共产党领导的人民解放军，来自人民，是为着广大人民群众的利益、为着全民族的利益而战斗的。在这个宗旨的指导下，我们的人民军队"具有一往无前的精神，它要压倒一切敌人，而决不被敌人所屈服。”虽然，“反动势力面前和我们面前都有困难。但是反动势力的困难是不可能克服的，因为他们是接近于死亡的没有前途的势力。我们的困难是能够克服的，因为我们是新兴的有光明前途的势力”。

二、战略反攻——敢于把战争引向国统区，变被动为主动

1947 年 7 月，全面内战爆发已经整整一年。在一年的时间内，国民党先后对解放区发动了全面进攻和重点进攻，并未实现预想效果，兵力反而不断下降。中国共产党方面虽基本处于防御阶段，但在对抗中不断取得胜利，兵力不断得到补充，局势走向好转。在双方实力不断拉近的情况下，中国共产党勇于把战争引向纵深，进一步夺取更大的胜利。

（一）打倒蒋介石，解放全中国

内战进行一年后，国共力量对比发生了较大变化。其具体表现为国民党军队从 430 万下降到 370 多万，且士气低落；共产党方面军队从 127 万上升为 195 万，并且解放区已经开始轰轰烈烈的土改，农民踊跃参军支援前线，部队士气高昂。在激烈战局下，双方局势正在发生变化，这成为中国共产党由被动开始走向主动的转折点。在战略防御与战略进攻的转变时刻——1947 年 10 月 10 日，毛泽东为中国人民解放军总部起草了政治宣言《中国人民解放军宣言》，在《宣言》中响亮提出了“打倒蒋介石，解放全中国”的口号。这直接体现了中国共产党敢于变被动为主动，敢于争取更大胜利的信心。

（二）外线挺进，千里跃进大别山

进行战略反攻，把战争引向蒋管区，是中共中央和毛泽东一直等待的战略步骤，但是从哪个战场入手，外线引向哪个方向，却需要领导人的战略眼光和果断气魄。以毛泽东为首的中共中央审慎、仔细研究了国共区域布局，决定大胆地把剑头指向中原腹地，指向河南、安徽、湖北三省交界的大别山区。“千里跃进大别山”，成为毛泽东军事战略上的超常之笔，也成为把人民解放战争引向胜利的伏笔。

大别山独特的地理位置特别重要，对于国民党来说，它处于武汉和南京的中间，地处中国中心地带，武汉是当时中国重要的工业城市，南京是国民党政府的首府，如派遣一支部队控制住大别山，意味着东可取南京，西可取武汉，随时威胁国民党的中心区域。同样，对于共产党而言，占据大别山，又反制国民党对解放区两翼的重点进攻，这相当于在敌人的心脏地带插上一把尖刀，必定会迫使蒋介石回调兵力救援。大军千里跃进，完全无后方，直逼对方心脏，这就像虎口拔牙，需承担相当大的风险。

出发之前，毛泽东曾对刘邓大军“千里跃进大别山”进行了三个前途的预测和估计：一是付出了代价站不住脚准备回来；二是付出了代价站不稳脚，在周围坚持打游击；三是付出了代价站稳了脚。毛泽东的这三个前途预计是建立在现实困难的基础之上的。事实证明，想在大别山扎下根来绝非易事。部队进入大别山，完全无后方，又无山地、水田地作战的经验，水土、气候不服；与此同时，国民党军队紧追不舍，地方反动武装不断骚扰，部队给养困难，伤员无法安置等，都对部队生存造成了极大的困难。面对如此形势，刘邓大军决定分头作战。经过半年多的斗争，大军终于站稳了脚跟，并且实现了毛泽东所预料的三种前途中的最好的前途。至此为止，刘邓、陈粟、陈谢在中原进行作战的三支大军不断互相配合，机动作战，最终实现歼敌19万余人，解放了当地100多座县城，共产党终于在江淮河汉之间建立了自己的中原解放区。

三、战略决战——敢于打前所未有大战，抓住时机进行决战

到1948年秋，人民解放战争进入了争取全国胜利的关键性阶段。此时，敌我力量对比发生了有利于我方的变化，内外线战场上共产党方面都取得节节胜利，在战略上，我军初步具备了与敌决战的条件。但是纵观全国，国民党的总兵力仍然超过人民解放军，整体装备仍然强于人民解放军，总的态势仍是敌强我弱。在这种情况下，中国共产党敢于抓住时机进行决战、打前所未有的大仗，攻克敌人守备的重要城市和据点、歼灭其强大兵团。

（一）九月会议定方针

截至1948年秋，在全国战局中，外线的中原战场上，我军已经初步打破国民党的防御体系；内线战场上，人民解放军也显示出了一往无前的胜利气势。1947年12月至1948年3月，东北民主联军发起了规模空前的冬季攻势。经过三个月的连续作战，将敌军压缩在沈阳、长春、锦州三个互不联系的狭小地区；1948年2月，西北野战军取得宜川战役的胜利。随后，在西北野战军向西府地区进军的巨大声威下，延安守敌闻风而逃。4月21日，解放军收复延安；1948年5月，晋冀鲁豫军区两个纵队及太岳军区部队在徐向前的指挥下，经过72天的作战，攻克临汾。此外，在山东、晋察冀等地区解放军也都取得了可喜的成绩。

从全局上看，国共双方力量更是发生了显著变化。人民解放军已由战争刚开始时的120多万人发展到了280万人，并且在装备上已经有了很大的改善，建立起了自己的炮兵和工兵，提高了攻坚能力，取得了打阵地战的经验；通过整党、整军，部队的政治觉悟和军事技术大大提升，各个被分割的解放区相继连成一片；解放区内也基本相继完成了土地改革，广大翻身农民的革命和生产积极性异常高涨。与此相反，国民党军队则由430万下降为365万，并且士气低迷，战斗力下降。国民党反动派虽然还统治着全国大部分地区和人口，却遭到广大人民的孤立和反对，处境日趋艰难。

在这历史转折的重大关头，为了适应迅猛发展的革命战争形势，确立新的战略任务和战略方针政策，彻底打倒国民党蒋介石政权，建设新民主主义的新中国，1948年9月8日至13日，中共中央在西柏坡召开了一次重要的政治局会议，这就是九月会议。此次会议上，中共中央提出，“人民解放军要准备打若干次带决定性的大会战，力争歼灭更多的国民党军队……要求全军要敢于打大仗，敢于迎战敌人的强大兵团，敢于攻取敌人重兵把守和重点设防的大城市，以推进夺取全国胜利步伐。”依照中央军委指示和九月会议精神，自1948年9月，人民解放军开始在各个战场上发起规模空前的秋季攻势，并随时准备将秋季攻势引向大兵团的战略决战。

（二）确立打前所未有的大歼灭战的决心

抗日战争时期，我党领导的人民军队，长期在农村打游击战和运动战，打得赢就打，打不赢就走，以消灭敌人有生力量、壮大革命有生力量为原则。解放战争第一年基本采取的仍是运动战、游击战的作战方法。随着解放战争的推进，尤其是进入1948年秋季，我军已经逐步掌握战场主动权，此时，国民党还有五个集团军分别在五个战场上，只有将这五个集团军歼灭，才能赢得解放战争的最后胜利。必须通过决战，才能决定胜负。但是，解放军还从未打过大歼灭战和阵地战，国民党军队的主力兵团还没有遭到致命的歼灭，因此，要想取得战争的最终胜利，必须进行大规模的决战，敢于打前所未有的大歼灭战。

当时国民党当局正在随时准备进行战略撤退，如果让其从容实施战略收缩，必将增加我军以后作战的困难，取得胜利将付出更大牺牲和代价。中共中央科学地分析了战争形势，准确及时抓住战略决战的有利时机，当机立断，连续组织了国内外战争史上罕见的辽沈、淮海、平津三大战役。

中共中央“打前所未有的大歼灭战”的决心在三大战役期间得到最充分的展现。辽沈战役期间，毛泽东与东北野战军通过电报传递，反复商量东北具体作战计划，明确指出，当解放军攻打锦州之际，长春、沈阳方面的国民党军队会全部出动，倾尽全力解救锦州，如果一旦出现此种情况，一定要做好准备，不要畏惧，要“确立打你们前所未有的大歼灭战的决心……”辽沈战役规模之大、战役时间之长、歼敌之多在中国近代以来的战争史上是空前的。敢于打大的歼灭战这一战争策略，至淮海战役达到最高潮。淮海战役是三大战役中唯一的人民解放军在总兵力上少于国民党军队的情况下进行的大歼灭战，又是歼敌数量最多的一个战役。人民解放军既与敌人斗力，又与敌人斗智，在作战指导上采取将敌军的重兵集团多次分割、集中优势兵力、各个加以歼灭的办法，歼敌 55.5 万人，使南线国民党军队的精锐主力被消灭，创造了以少胜多的范例。平津战役中我军歼敌 52 万人，解放了华北全境。三大战役也成为我军历史上前所未有的大歼灭战的成功范例。

四、战略收官——敢于将革命进行到底，夺取革命最后胜利

三大战役胜利后，国内形势已十分明朗。面对这种急转直下的局势，1949年元旦，国民党当局放出烟雾弹，在《中央日报》头版刊登了意欲和谈的《新年文告》以取得喘息机会。中华民族又一次面临着命运的重大抉择。中国共产党选择将革命进行到底，建立独立、统一、自由、富强、民主的新中国。

（一）将革命进行到底

在这场关系到中国人民命运和前途的重大原则问题上，在面对纷繁复杂的革命斗争形势下，中共中央在关键时刻，表现出高度的政治辨别力和政治坚定性。看到问题的本质，明确提出共产党的主张，针锋相对地写了一篇新年献词——《将革命进行到底》。文章开门见山地宣告："中国人民将要在伟大的解放战争中获得最后胜利，这一点，现在甚至我们的敌人也不怀疑了。"并坚定地指出，我们必须用革命的方法，坚决彻底干净全部地消灭一切反动势力，毫不动摇地坚持打倒帝国主义，打倒封建主义，打倒官僚资本主义，在全国范围内推翻国民党的反动统治，建立无产阶级领导的以工农联盟为主体的人民民主专政的共和国。毛泽东号召全国人民，各民主党派，各人民团体真诚合作，团结一致，粉碎美帝国主义和国民党蒋介石的政治阴谋，将革命进行到底。

为彻底戳穿蒋介石的"和谈"阴谋，毛泽东又发表了《关于时局的声明》，文中揭露了蒋介石提出"和平"建议的虚伪性，并尖锐地指出他所推出的和谈条件，不是和平的条件，而是继续战

争的条件。这两篇文章明确了中国共产党要“将革命进行到底，解放全中国”的思想，使全党全军和全国人民对革命前途在思想上更清晰，政治上更清醒，行动上更坚定。

（二）不可沽名学霸王

三大战役后，解放军势如破竹，在中共中央的指示下乘胜追击，开始向长江以南发起进攻。

1949 年 4 月 20 日，南京国民党政府在主战派的支持下，拒绝在双方所拟的《国内和平协定草案》上签字。当夜，渡江战役打响。4 月 21 日，毛泽东和朱德发布了“向全国进军的命令”，命令中国人民解放军“奋勇前进，坚决、彻底、干净、全部地歼灭中国境内一切敢于抵抗的国民党反动派，解放全国人民，保卫中国领土主权的独立和完整”。按照这一命令，人民解放军百万雄师过大江，国民党长期苦心经营的长江防线顷刻瓦解。

当人民解放军冲破天险、解放南京的消息传到北平时，毛泽东异常兴奋，挥笔写下诗篇《七律・人民解放军占领南京》，以简洁生动的语言描绘了渡江战役中人民解放军横扫千军的恢宏场面，“宜将剩勇追穷寇，不可沽名学霸王”也把西柏坡精神中“敢于斗争，敢于胜利”的特质展示得淋漓尽致。

穷寇狠追，歼敌横扫。人民解放军解放南京后，直奔大都市上海，歼灭退守上海市的敌军。伴随着上海的解放，渡江战役胜利收官。经此一战，国民党军在东北、西北、华北及长江的防线全部被突破，防御体系已经彻底崩溃，尚存的 150 万人分别位于福建、台湾及中南、西南等地，成为几个孤立无援的小集团。南北统一大业即将实现，一个崭新的国家即将诞生。

西柏坡时期，中国共产党敢于斗争，敢于胜利的彻底革命精神，是无产阶级的革命英雄主义和追求民族独立大无畏精神的有机结合，承载着中国共产党人追求革命胜利，实现人民当家作主的坚强决心，集中表达着中国共产党人的革命本色。中国共产党人这种顽强拼搏、不怕牺牲、不怕困难的精神特质，必将继续在我们今天的中国特色社会主义事业建设和发展中发挥更大的作用。

（谢燕红：河北师范大学中国共产党革命精神与文化资源研究中心研究人员）

敢于斗争、善于斗争的光辉典范*

——纪念中国人民志愿军抗美援朝出国作战 70 周年

聂文婷

习近平总书记指出："马克思主义产生和发展、社会主义国家诞生和发展的历程充满着斗争的艰辛。建立中国共产党、成立中华人民共和国、实行改革开放、推进新时代中国特色社会主义事业，都是在斗争中诞生、在斗争中发展、在斗争中壮大的。"这其中就包括 70 年前发生的抗美援朝的伟大斗争。这是一场帝国主义侵略者强加给中国人民的战争。朝鲜内战爆发后，美国杜鲁门政府悍然派兵进行武装干涉，发动对朝鲜的全面战争，并且不顾中国政府的多次警告，越过三八线，直逼中朝边境的鸭绿江和图们江，出动飞机轰炸中国东北边境城市和乡村，把战火烧到了新中国的大门口。在此危急关头，中共中央和毛泽东不畏强权、敢于斗争，不惧困难、善于斗争，创造了人类战争史上以弱胜强的斗争奇迹。

坚韧的斗争意志："充分准备，出手就胜"

爱好和平是中华民族的优秀传统。近代以来，饱受帝国主义

* 节选自《当代中国史研究》2020 年第 5 期。

列强侵略之苦的中国人民更是深深懂得维护和平之宝贵，而新中国确实也需要和平的环境集中精力恢复国民经济，进行国家建设。但是，这并不意味着可以放松对帝国主义的警惕，更不能忍让帝国主义的侵犯。正如1950年5月16日周恩来在全军参谋会议上所指出的，只要帝国主义还存在，“它们还是会来进攻我们，侵略我们，因此我们就必须加强力量，巩固国防。这是一条牢不可破的真理”。可见，面对帝国主义用战争来威胁世界人民的行径，中国共产党和中国人民保持了忧患意识和战略定力的统一，并且做好了斗争的准备。6月25日，朝鲜战争爆发。这向中国提出了“新的课题”，对此，中共中央冷静分析国际国内形势、权衡各种利弊，迅速作出准备斗争的反应。

6月27日，美国总统杜鲁门公开宣布要武装援助李承晚政府，同时以武力阻止中国解放台湾。针对美国第七舰队侵入台湾海峡的军事行动，中共中央主要通过外交斗争谴责美国，对于美国介入朝鲜内战，周恩来认为：“一切都要准备好，不要成为‘临急应战’，而要有充分准备，出手就胜。”6月30日，中共中央作出“美帝国主义者必纠集更多的国家出兵，所以朝鲜战争长期化很难避免”的判断，决定“派人同金日成同志保持联系”，以“保持两党两军之间的联系并及时了解战场的变化”。同日，周恩来在同海军司令员兼政治委员萧劲光谈话时明确指出，中国要“推迟解放台湾的时间”。这说明，为限制战争规模和避免分散军力，中共中央已经将军事斗争的重点集中于朝鲜战场，并且以做好军事斗争准备的姿态向“处在斗争的第一线”的朝鲜同志表示支持。

7月2日，美军在釜山登陆。为防患于未然，应付可能发生的最坏情况，即“准备同美国人打仗，要准备打前所未有的大仗”，中共中央首先从整体上调整了国防部署，将军事斗争准备的重点由东南沿海地区调整为东北边防。7月7日、10日，中央军委两次召开会议，讨论了组建东北边防军的问题，包括部队调动部署、指挥机构组织、后勤工作准备、兵员补充准备、军队政治动员等。在充分讨论的基础上，7 月 13 日，正式形成《关于保卫东北边防的决定》，组成东北边防军指挥机构，抽调 4 个军、3 个炮兵师、4 个高射炮团，共 25.5 万余人到东北地区集中整训，“最后调动的部队限八月五日前到达东北指定地区”。除进行兵员抽调和有针对性的集训外，中央军委还开展了兵力预置工作。8 月 4 日，毛泽东批示同意聂荣臻提出的派部分高炮部队进入朝方一侧，保护鸭绿江大桥，以保持中朝之间的交通联系的建议。

8 月中旬，朝鲜人民军解放了朝鲜南方约 80% 的地区，但进到洛东江边时，在美军和李承晚军的阻击下，朝鲜人民军的处境愈加不利。鉴于朝鲜战局会发生变化，8 月 23 日，周恩来召集中央和东北有关部门负责人开会，磋商东北边防军的人员补充和后勤补给工作。8 月 27 日，毛泽东致电彭德怀：“为了应付时局，现须集中十二个军以便机动（已经集中了四个军），但此事可于九月底再作决定”。但实际上，随后不久，为充实力量尚较单薄的东北边防军，中央军委便决定抽调“第九兵团为第二线，第十九兵团为第三线，部署于山海关内机动地区，一旦有事，便于支援”。

此时，解放军已基本上完成了解放战争的任务。1950 年 8 月 1 日，《军委关于在军队中实施文化教育的指示》明确提出，解放军的主要任务是“进行国防建设，准备对付帝国主义的可能侵略，维持国内治安，巩固人民民主专政”，而提高全体指战员的文化科学和技术水平，就是为了更好地完成“伟大的新任务”。显然，敢于斗争首先是建立在现实基础上的战略预见。

事实上，早在 1950 年 4 月，毛泽东就告诉金日成：“要严重地注意外国反动军队侵略朝鲜的可能性。”朝鲜内战初期，正当朝鲜人民军作战甚为顺利之时，中共中央、中央军委又预估到美军可能在朝鲜人民军侧后海岸登陆，于是提醒“人民军应当作充分准备，适时地向北面撤退，保存主力，从长期战争中争取胜利”。

这就进一步说明，处于军事斗争准备阶段的敢于斗争，主要体现了中国共产党人以理性为前提的坚韧的斗争意志。正是因为具有现实基础上的战略预见和理性且坚韧的斗争意志，毛泽东等中共中央和中央军委领导人才能高瞻远瞩地做好战略斗争准备，并未雨绸缪地调整了具体的军事斗争部署，在 1950 年 9 月 30 日以前“完成一切准备工作”的基础上，最终实现了中国人民志愿军出兵朝鲜和在朝鲜战场上“出手就胜”。关于出兵朝鲜之前军事斗争准备的重要意义，毛泽东曾在 1956 年 9 月 23 日同苏共中央代表团谈话时指出，因为我们“总共有五个军，摆在鸭绿江边。所以，到后来当帝国主义过三八线后，我们才有可能出兵。否则，毫无准备，敌人很快就要过来了”。

明确的斗争目标：“打得一拳开，免得百拳来”

做好军事斗争准备，一方面是为了避免出现临急应战的被动局面；另一方面是以敢于斗争的气势震慑敌人，使其不敢与我们斗争。这是敢于斗争最理想的结局，也是和平环境下最需要的一种状态。但是，当我们面对战争威胁时，还需要根据形势确定斗争目标、作出斗争决策。

毛泽东说：“我们急切需要和平建设，如果要我写出和平建设的理由，可以写有百条千条，但这百条千条的理由不能抵住六个大字，就是‘不能置之不理’。现在美帝的侵略矛头直指我国的东北，假如它真的把朝鲜搞垮了，纵不过鸭绿江，我们的东北也时常在它的威胁中过日子，要进行和平建设也有困难。所以，我们对朝鲜问题，如果置之不理，美帝必然得寸进尺，走日本侵略中国的老路，甚至比日本搞得更凶。它要把三把尖刀插在我们的身上，从朝鲜一把刀插在我们的头上，以台湾一把刀插在我们的腰上，把越南一把刀插在我们的脚上。天下有变，它就从三方面向我们进攻，那我们就被动了。我们抗美援朝就是不许它的如意算盘得逞。'打得一拳开，免得百拳来。'我们抗美援朝，就是保家卫国。我是不打无把握之仗的。这次派志愿军出国，我们中央一些同志经过周详的考虑研究，制定了持久战的战略，胜利是有把握的。"毛泽东的这段话，有理有力地打消了人们对于中国人民志愿军出兵朝鲜的顾虑。中国必须与外来侵略进行坚决的斗争，而对于斗争的结果，中共中央和毛泽东也是心中有数的。

毛泽东将志愿军出兵朝鲜的目标定位于"打得一拳开，免得百拳来"，也就是说，打出抗美援朝这"一拳"，"就要能解决问题，即要准备在朝鲜境内歼灭和驱逐美国及其他国家的侵略军"，此后，即便"美国可能在一个相当长的时期内不承认朝鲜的胜利"，即使美国宣布和中国公开进入战争状态，"但是，那时的形势就变为于革命阵线和中国都是有利的了"。这样，就能避免可能出现的"百拳"。"打得一拳开，免得百拳来"斗争目标的确立，既是为了保卫当时及此后一段时期内中国的国家安全，还有高瞻远瞩、统揽全局的国际战略考量。因为朝鲜战争同国际上的其他问题密不可分，所以"我们对于朝鲜不仅看作兄弟国家问题，不仅看作与我东北相连接而有利害关系问题，而且应该看作重要的国际斗争问题"。而这场国际斗争已经发展到与中国有关的境地，因此，中国"不能坐视不顾，我们要管"。

第一，美国在朝鲜战争中触碰了中国的底线。在杜鲁门发表声明的第二天，即 6 月 28 日，毛泽东便谴责美国撕毁了关于不干涉中国内政的一切国际协议。同日，周恩来代表中国政府宣布："杜鲁门二十七日的声明和美国海军的行动，乃是对于中国领土的武装侵略，对于联合国宪章的彻底破坏"。但美国却无视中国的公开宣示，甚至当中国严正声明："美军如越过三八线，我们要管"后，美军仍在 10 月 7 日大举越过三八线北进。因此，毛泽东于

10月8日发布了组成中国人民志愿军的命令。对于美军越过三八线，扩大战争，“我们要理，要管。”中国正式决定打出抗美援朝这“一拳”。

第二，中华民族历来不畏惧强权和侵略，更何况此时中国人民已经站起来了，中国要让国际社会看到中国的力量。面对敌我力量的悬殊，1950年10月24日，周恩来在中国人民政治协商会议第一届全国委员会第18次常务委员会会议上指出：“我们必须全面地发展地考虑问题，到斗争中去增强自己，在狂风暴雨中锻炼自己。革命的力量有时看起来是劣势，在斗争过程中却会变为优势”。事实证明，通过抗美援朝战争，中国树立了在局部战争中以弱胜强的典范。就连美国也承认：“从中国人在整个朝鲜战争期间所显示出来的强大攻势和防御能力中，美国及其盟国已经清楚地看出，共产党中国已成为一个可怕的敌人，它再也不是第二次世界大战时那个软弱无能的国家了。”因为有如此不一般的中国力量，所谓的“百拳”也不敢再来。自朝鲜战争后，美国一直非常谨慎地避免与中国在军事上产生正面冲突，其原因正在于此。

第三，美国在朝鲜的战争很可能会导致东方和平阵线门户大开，如果真是这样，“则美国侵略者将更为猖獗，于整个东方都是不利的”，因此，中国必须援助朝鲜。“我们应该在朝鲜争取反美胜利”，这样“才能够使我们中国人民的胜利继续发展，才能使东方民族解放运动受中国人民胜利所鼓舞而不至于低落下去。全世界人民为着和平民主阵营努力反对侵略战争的运动，才能更加高涨起来”。中国抗美援朝的出发点不仅是出于对国家安全的考虑，而且是从全世界反抗侵略战争、维护世界长久和平出发作出的国际担当。

历史证明，通过抗美援朝战争，新中国敢于在国际事务中进行正义性抗争的形象树立起来了，中国在国际社会上的威望和地位得到大幅度提升。

顽强的斗争精神："这次战争我们打的是品质战"

经过两年零九个月艰苦卓绝的战斗，中国人民志愿军和朝鲜人民军沉重打击了帝国主义侵略者，他们不得不于1953年7月27日在停战协定上签字。在抗美援朝战争中，中国共产党、中国人民和中国人民志愿军共同锻造出以敢于斗争、善于斗争为内核的抗美援朝精神。这一顽强的斗争精神是抗美援朝战争能够取得胜利的重要法宝，也是中华民族宝贵的精神财富。

（一）祖国和人民利益高于一切、为了祖国和民族的尊严而奋不顾身的爱国主义精神

伟大的抗美援朝精神是以爱国主义为核心的民族精神的具体体现。在抗美援朝战争中，爱国主义不仅体现在前线，还体现在后方。抗美援朝战争是全国各族人民共同谱写的斗争凯歌。当时，全国各条战线和广大人民积极响应党和政府的号召，开展了轰轰烈烈的抗美援朝运动。成千上万的铁路职工、汽车司机和民工纷纷到朝鲜前线去担任战地运输和勤务工作，医务工作者组织了大批医疗服务队为中朝军队服务。全国规模的慰问志愿军运动、捐献武器运动、优待志愿军烈军属运动极大地鼓舞了前方将士的斗争士气。正是由于全国各族人民的大力支援，才形成了同仇敌忾、战胜一切困难和强大敌人的无穷力量，最终赢得了抗美援朝战争的胜利。

（二）英勇顽强、舍生忘死的革命英雄主义精神

1951 年 5 月，毛泽东又一次与周世钊谈话。在谈到抗美援朝战事发展情况时，毛泽东说："我们志愿军的武器不如敌人，大炮都少，飞机更没有上前线，但常常打胜仗。这是因为志愿军战士都是翻身的农民和工人，他们认识到这个战争是为支援被侵略的朝鲜而战，是为保家卫国而战，因此奋勇杀敌，敢于牺牲。可以说，这次战争我们打的是品质战"。在朝鲜战场上，在美军的"绞杀战"中，中国人民志愿军冒着密集的轰炸和严密的封锁，形成了"打不烂、炸不断的钢铁运输线"；在"空中拼刺刀"的勇猛战斗中，中国人民志愿军搏击长空，创造了世界空战史上的奇迹；涌现出杨根思、黄继光、邱少云等 30 多万名英雄功臣和近 6000 个功臣集体。他们不愧为中华民族的英雄儿女，不愧为祖国安全和世界和平的坚强卫士。

（三）不畏艰难困苦、始终保持高昂士气的革命乐观主义精神

抗美援朝战争是艰苦的、艰巨的、残酷的。在朝鲜战场上，"因为敌人用大量空军封锁我军战线的近后方，我们的车辆大部被击毁，粮弹送不上去"，同时，朝鲜北方许多城市都已经被炸毁，朝鲜人民军和中国人民志愿军无法就地取得补给，因此，为解决运送粮弹的问题，中国人民志愿军甚至组织过人力运输队，使用最原始的手推车运送粮弹，并要求战斗员作战时自己携带 7 天的粮食和弹药。此外，志愿军还要与恶劣的自然环境作斗争。尤其是第二次、第三次战役时，正值零下 30 多摄氏度的严寒，衣着单薄、破烂的中国人民志愿军赤脚涉冰河，单衣卧冰雪，忍饥守坑道，常常是"一把炒面一把雪"之后就要继续与敌人战斗了。条

件如此艰苦，但中国人民志愿军却始终保持着高昂的斗争士气、旺盛的斗争勇气和必胜的斗争信念，以革命乐观主义精神战胜了种种困难，最终创造出惊天地、泣鬼神的斗争奇迹。

（四）为完成祖国和人民赋予的使命、慷慨奉献自己一切的革命忠诚精神

在战场上，所谓忠诚是指将士对使命从一而终的坚守。这种忠诚必须是绝对的、唯一的、彻底的、无条件的。抗美援朝战争之所以能够取得胜利，还因为中国人民志愿军具有为完成祖国和人民赋予的使命而慷慨奉献自己一切的革命忠诚精神。他们在国家危难之时敢于担当，敢于冲向斗争第一线。在完成使命的过程中，他们不惧艰辛、不畏困难、不怕牺牲，无数勇士身负重伤后依然从血泊中爬起来冲向敌人，甚至用自己的身体挡住敌人的枪口，即使战斗到只剩一人一枪，仍然坚守阵地，顽强地同敌人血战到底。他们就是这样用自己的一切甚至生命书写了对党、对祖国、对人民的忠诚。

（五）为了人类和平与正义事业而奋斗的国际主义精神

朝鲜战争本是朝鲜人民为实现统一而进行的内部斗争，却因美国杜鲁门政府的武装介入而演变成第二次世界大战后第一场大规模的国际性局部战争。美国不仅发动了对朝鲜的全面战争，而且还严重威胁到了中国的国家安全。因此，抗美援朝战争从一开始就高举着保卫和平、反抗侵略的正义旗帜，既是从中国的安全利益出发而进行的自卫战争，也是与朝鲜同志“亲如兄弟般地团结在一起，休戚与共，生死相依，为战胜共同敌人”而进行的“必要的正义的斗争”。当然，敢于斗争并不等于好战。“我们不要

去侵犯任何国家，我们只是反对帝国主义者对于我国的侵略”。所以，毛泽东总结道：“中国人民有这么一条：和平是赞成的，战争也不怕，两样都可以干”。而这两样的出发点实际是一致的，就是为了人类的和平与正义事业。也正因如此，这场正义之战得到了全世界爱好和平的国家和人民的同情、支持与援助。中国取得了抗美援朝战争的胜利，这是正义之师的伟大胜利，打击了美国在亚洲的侵略气焰，打乱了美国在亚洲的战略图谋和扩张势力范围的部署，这是对亚洲与世界和平、对巩固世界社会主义事业作出的重大贡献。

中国共产党、中国人民和中国人民志愿军以坚韧的斗争意志、明确的斗争目标、高超的斗争本领、顽强的斗争精神赢得了战争的胜利，由此向世界证明：“一个觉醒了的、敢于为祖国光荣、独立和安全而奋起战斗的民族是不可战胜的！”

〔聂文婷：中共中央党校（国家行政学院）中共党史教研部副教授〕

红旗渠的修建与红旗渠精神的诞生*

张勇

一、旱魔肆虐带来的苦难

林县山多地少，交通不便，资源匮乏，更为严重的是水资源奇缺。由于十年九旱，水贵如油，水扼住了林县人的咽喉。千百年来，林县人民想水、盼水，祈水，水成为林县人世世代代、祖祖辈辈挥之不去的强烈渴求。

水资源的匮乏，给林县人民带来了苦不堪言的深重灾难。因为缺水，林县人自幼养成惜水如命的生活习惯。许多山民甚至很少洗脸洗手，一碗水能连用数次。农民常因用水而争吵，导致家庭不和，四邻不安；因为缺水，林县整体卫生状况十分糟糕，各种疾病频发，尤其成为食道癌高发地区，人民生命健康遭受极大威胁；因为缺水，林县经济文化发展严重滞后。解放初期，林县的工业建设几乎一片空白，其他各项建设事业也长期得不到发展。居民生活贫困，全县绝大多数人为文盲；因为缺水，林县闺女远嫁他乡，县外闺女不愿进山，婚姻问题成为当地山民的心头之痛。牛岭山村仅200多户居民，40岁以下的光棍汉就有30余人。因为

* 节选自《遵义师范学院学报》2015年第6期。

缺水，居民的经济财产蒙受重大损失。马家山村1949—1952年发生火灾5起，由于没有水，失了火都是用土压盖。村民王万和家失火，眼睁睁地看着5间草房烧成灰烬。长期以来，干旱缺水犹如一把利刃时时架在林县人的脖子上，旷日持久地困扰着当地居民的日常生活，并严重制约着当地经济文化等各项事业的发展。

水之殇，民之痛，林县人世世代代生活在严重缺水的环境中，祖祖辈辈均怀着盼水、找水的强烈愿望。强烈的求水欲望，在脑海中经过长期的积聚与陶冶，便转化为一种精神。这种精神，就是宁愿苦干，不愿苦熬的精神；就是一不怕苦，二不怕死的精神；就是敢让河水让路，让高山低头的精神。

二、10年奋战一锤一钎铸造“人工天河”世界奇迹

（一）修建红旗渠的科学决策

经过800年引水修渠的不懈努力，尤其是新中国成立后10年一系列水渠、水库的修建，林县人民生活用水和农田灌溉用水的紧张状况得到一定程度的缓解。但由于其特殊的地理环境和地质构造，包括旱灾在内的自然灾害仍然不时地威胁着当地群众。1959年，全县小麦喜获丰收，然而，麦收后却遇到了前所未有的大旱。据统计，全县原有6500多个水泉，到该年8月已有5300多个销声匿迹了；用来积蓄雨水的2.8万多眼旱井，只剩下存水不多的2000多眼；虽有水库，但蓄不上水。连水位一向稳定的英雄渠，也由原来的3.5立方米每秒的流量，锐减到0.8立方米每秒的流量。严重的干旱缺水又一次威胁着林县人民。

面对这种情况，林县县委认为，要想从根本上摆脱干旱的威

胁，就必须进一步解决水源问题。1959 年 10 月 10 日夜，林县县委召开扩大会议，县委书记杨贵提出要彻底改变林县干旱缺水的面貌，主要办法有三条：一是把天上的水蓄起来；二是将地下的水挖出来；三是把外地的水引进来。前两条都已经尝试多年，但效果并不理想，我们必须要在第三条上下大功夫。现在需要我们打出去，把山西境内的漳河水引进来。县委扩大会议整整开了一夜，最后与会人员一致同意杨贵提出的“引漳入林”的动议。会后，县委立即组织工程技术人员，对引漳入林引水地点及渠线进行了测量，连测数次，草拟了工程方案。

“引漳入林”决策的科学性不仅体现在决策前实事求是地多方调查考证上，其时机选择也正合时宜。首先，新中国成立头 10 年，林县修渠引水的总量超过之前数十倍，英雄渠等大批水利工程的修建，使林县人积累了宝贵的经验。农业合作化运动期间，全县共计修筑大小渠道 319 条，水井 10376 眼，挖了 653 个山泉，修小水库 44 个，打旱井 23145 眼，挖水池 2458 个，安装了地下瓷管，把水从山顶引到平地，水浇地比过去扩大了 13 倍。林县培养了大批的水利建设人才，经过两年多的艰苦奋斗，在水利建设上取得了辉煌的成就，为红旗渠的成功修建奠定了良好的技术基础。

其次，林县在 20 世纪 50 年代水利建设上取得的辉煌成就，得到了国家高层领导的首肯，并成为全国的典型。1957 年，刘少奇的秘书姚力文在《人民日报》撰文，赞扬林县人民在水利建设上所取得的巨大成绩。1958 年 9 月，全国水土保持工作会议推广了林县治山治水，控制水土流失的工作经验，国务院水土保持委员会授予林县县委、林县人民委员会一面锦旗。当年 12 月，林县人民委员会荣获周恩来签署的奖状。林县县委书记杨贵也多次受到毛泽东的接见，并严格遵照其指示：“水利是农业的命脉，要把农业搞上去，必须大搞水利。”有了中央政府的明确支持，红旗渠的修建时机已然成熟。

最后，从农业合作化运动到人民公社化运动，随着集体化程度的不断提高，大协作范围的不断扩大，农民的小农意识逐渐被集体主义思想所替代，自由散漫习惯逐渐被组织纪律性所替代。千百年来自给自足的小农经济社会下形成的小农经济意识，使得林县人民与大自然的抗争，多是在分散状态下进行的，带有较大的盲目性和个人色彩。在修渠引水等方面虽有简单协作，但多是功利性很强的短期行为，难以收到满意效果。集体化运动的推行，促进了人们由小农经济意识向集体主义思想转化。正是这种集体主义思想的确立，在全县上下形成了一种同心同德、团结奋战，誓将林县河山重新安排的良好氛围。新思想新观念的确立和形成，为红旗渠精神的孕育和诞生提供了时代的契机。

（二）红旗渠的修建

红旗渠第一期工程便是一块难啃的“硬骨头”。渠首引水枢纽工程是红旗渠工程的最前沿，拦河大坝是整个枢纽工程的关键。修渠人不畏艰难，手提肩挑，为了在汛期到来之前竣工，林县人民分秒必争昼夜奋战修筑大坝。为能顺利截流，工程指挥部组织500名以共产党员、共青团员为主体的突击队员奋不顾身地跳入激流，在河道中央肩并肩、手挽手，奋力筑起了五道人墙，阻挡住桀骜不驯的激流，终于使大坝如期合龙，为红旗渠的修建赢得了一个完美的开局。

1960年10月，红旗渠总干渠第二期工程开工，工程移至林县境内。此时恰逢国家经济最为困难时期，为渡过难关，中共中央下令全国一切基本建设暂时停工，实行“百日休整”，上级多次指示红旗渠工程停工下马。眼看着浊漳河水流到了家门口却进不了家，林县人民既焦虑又无奈。县委书记杨贵在县委会议上果断决策:“全国粮食紧张和经济困难是客观事实，但我们还有几千万斤储备粮，群众修渠积极性很高，县委应该实事求是地贯彻落实中央精神，根据咱们林县的实际统筹兼顾，灵活决策。中央指示要执行，红旗渠工程也不能停，否则将来无法向人民交代。”二期工程的咽喉是600多米长隧道的开凿，这一任务被总指挥部交由300多名男女青年完成，此洞遂被命名为“青年洞”。青年洞开凿时，缺粮少菜，大家忍着饥饿苦干，队员们挥毫泼墨将豪言壮语写在了太行石壁上:“红军不怕远征难，我们修渠意志坚。为了实现水利化，再苦再累心也甘！”经过9个多月的艰苦努力，1961年7月底青年洞被凿通。9月30日，二期工程全面竣工。

1961年10月1日，总干渠第三期工程开始，这期工程最艰巨的任务是打通分水岭（又名坟头岭）隧道。分水岭海拔470米，就是因为它的存在，漳河水无法越过。县委仍指派因开凿青年洞而名声大振的300余名青年承担了这一艰巨的任务。队员们再一次将大幅标语写在洞口:“拼命赶时间，斩断坟头岭，早日让南谷洞水库流遍林县山川。”1962年5月1日，隧洞胜利凿通。1962年10月15日，第三期工程告竣。

1962年10月20日，总干渠最后一期工程——第四期工程建设拉开帷幕。这期工程虽然渠线长23186米，工程任务较重，但经过两年来农业生产的恢复发展，农村经济形势明显好转，各社队都有了一定的经济实力，群众修渠劲头十足，任务完成得既好又快。至1964年12月1日，总干渠第四期工程全部竣工。至此，全长70.6公里的红旗渠总干渠从渠首至分水岭全线贯通。

红旗渠总干渠从1960年2月11日动工，到1964年12月1日竣工，历时4年零10个半月，共做工日1200万个。整个工程跨过200米以上的悬崖峭壁50余处，斩断了131个山头，越过了114道沟河，完成土石方870万立方米，修建大小建筑物253个，其中山洞42个，总长3502米，涵洞86个，渡槽14座，泄洪闸

17个，路桥、洪水桥82座，节制闸9个，分水闸2个，拦河大坝1座。

总干渠建成通水的胜利喜悦及抗灾效益，产生了巨大的精神力量，林县人满怀豪情，乘胜前进，投入三条干渠的建设中。1966年4月，三条干渠全部竣工，总长101.5公里。共完成挖砌土石和浇筑混凝土方量291.43万立方米，修建大小建筑物469个，最多时劳动力达7万余人。三条干渠通水后，灌区群众兵不卸甲，发扬连续作战精神，继续投入到总干渠加高加固以及支渠的配套工程建设中。

三、红旗渠精神的诞生

红旗渠精神是林县人民千百年来与天斗、与地斗、与恶劣的自然环境斗，百折不挠，勇于和善于冲决一切艰难险阻追求美好生活的伟大实践的必然产物；是中华民族精神和中国共产党革命精神在修渠过程中的集中释放所产生的巨大能量的集中体现。

林县人民为了摆脱长期缺水造成的深重灾难，在经济条件落后、技术力量不足的年代，怀着“誓将林县河山重新安排”的坚定信念和对未来美好生活的无限憧憬，发扬一不怕苦、二不怕死的艰苦奋斗精神，依靠自身的智慧和力量，团结一心，众志成城，战天险，斗旱魔，以无比顽强的意志和决心，在地势险峻、地形复杂的太行山脉铸造了一道亮丽的风景线。在修建红旗渠的过程中，30万干部群众风餐露宿却斗志昂扬，工具简陋却迎难而上，十年如一日，矢志不渝，硬是以蚂蚁啃骨头和愚公移山的英雄气概，克服一个又一个难以想象的困难，引来了祖祖辈辈用生命守望的幸福之水。红旗渠是物质的，同时也是精神的。十年的艰难筑渠历程，不仅为林县创造出了巨大的物质财富，更是在此过程中孕育并形成了不可估量的精神财富——红旗渠精神。

在经济发展落后、技术水平不高的不利条件下，是什么动力在激励并鼓舞着林县县委克服一切艰难险阻作出修建红旗渠决策的？答案是胸怀人民，为了人民。正是以杨贵为代表的林县县委牢记中国共产党“全心全意为人民服务”的宗旨，才能发动并依靠当地群众与大自然展开了一场惊天地、泣鬼神的英勇抗争。在10年修渠的历程中，仅有50万人口的林县累计有30万人投入工程建设中，林县县委何以能有如此强大的号召力？究其原因，主要在于红旗渠并非好大喜功的“面子工程”，而是实实在在为民造福的工程，赢得了50万林县人民发自肺腑的拥护。这种“为了人民，依靠人民”的坚定信念是指引林县县委领导班子奋发向前的强大精神动力。

红旗渠的修建历经10年，全县人民在县委领导下，同心同德，目标一致，为改变山区面貌而努力。在整个红旗渠建设中，林县人民围绕共同目标，互相支持，步调一致，通力合作，局部服从全局，全县上下一盘棋。正是林县修渠人这种团结一心、精诚合作、无私无畏、勇于奉献的精神铸就了伟大的红旗渠工程，而经过红旗渠工程的历练，这种精神又得到了丰富和发展。

（张勇：教育部人文社会科学重点研究基地——遵义师范学院中国共产党革命精神与文化资源研究中心研究人员）

疫情防控中斗争精神的出场逻辑 *

彭钰美

一、出场必然：疫情防控中多维斗争映射斗争精神

（一）病毒恶劣性与稳固人们心理防线之争

新型冠状病毒来势凶猛，具有极强突发性、传染性、破坏性和未知性。一方面，病毒的传染性和破坏性使人们遭受生理威胁；另一方面，其突发性和未知性也使人们饱受心理摧残。受感染患者不但要忍受病毒带来的发热、干咳甚至急性呼吸功能衰竭、脓毒症休克等生理病痛，而且还要面对生命死亡、未来渺茫的心理打击，严重者甚至会失去对生活的希望。未感染人群则人人自危、濒临崩溃，既为“生怕自己会被感染”而惶恐不安，又为“已感染家属和朋友的治疗状态”而担惊受怕，尤其是处于疫情重灾区的人们，同时还要与充斥其间的未知、怀疑、指责、谣言和歧视作斗争，心理压力前所未有。

在疫情防控中，党和政府协同人民群众一起选择了积极心理

---

* 节选自《创造》2021 年第 2 期，原文题为《疫情防控中斗争精神的出场逻辑及现实意义》。

建设，与病毒进行顽强斗争，展现了昂扬向上的斗争风骨，催生了斗争精神。

（二）平衡社会防控与复工复产之争

新冠肺炎疫情造成的冲击，最终都会体现在经济、社会和民生上，这就引发了社会防控与复工复产之间的不协调、不对等的斗争。

1. 物资生产的不协调斗争。疫情防控要求重点加大对医用防护用品、医疗机械设备、重要生活物资等的生产和调配，这使得社会上大量人力物力财力投入到相关卫生医疗产业和食品产业，助力其及时有序复工复产。但社会其他行业，如对生产时序严格要求的农业、产业关联性极强的工业以及因人员密集而无法开张的服务业等，则面临着2020年经济目标难以及时完成的境况。

2. 双方需求的不对等斗争。防疫防控的需求是“收紧”管理。即尽量避免有流动性、交互性的外出和聚会等活动，疫情严重地区甚至需要进行隔离，强制禁止流动。而复工复产的需求是“放开”管理。要求增加一定人力、物力等生产要素的流动性，特别是增加对交通、快递、物流等行业的流动，以加快复工复产。总体来说，社会防控与复工复产不协调、不对等的矛盾，事关个体健康、生产服务与社会安全。因此，要想维护社会健康与安全、整合最大力量战胜疫情，要想打好复工复产翻身仗、维持社会稳定向前发展，就必须正视上述问题和矛盾，敢于斗争，同时还要掌握方法和技巧，善于斗争，发挥斗争精神的有效作用。

（三）国际国内舆情与我国意识形态、国家治理体系之争

从国际看，以美国为首的部分西方国家罔顾事实，将病毒溯

源定为“中国病毒”“武汉病毒”，恶意制造“中国有罪论”“中国赔款论”等谣言，企图将谋求国内外政治版图与转嫁本国疫情危机叠合在一起，以挑起政治争端的方式冲击我国意识形态。

从国内看，疫情本身的严重性和敏感性本就会引起一定程度的社会恐慌，加上部分西方国家对我国政治思想领域的恶意诋毁和抹黑，使得国内极端个人主义、自由主义等错误消极的思想猖狂横行。这些思想经由互联网传播将严重误导我国思想观念还未成熟的人民群众，使其对我国意识形态产生动摇和淡漠，甚至质疑经时间和实践检验过的国家治理体系和中国共产党的治理能力，给我国疫情防控带来更多阻碍。

面对如此境况，衍生出两种截然不同的斗争方式。一是以其人之道还治其人之身的斗争方式，即以西方国家污蔑我国的方式污蔑回去，完全以本国的地缘政治利益为中心；二是以德报怨的人道主义斗争方式，即在全球抗疫中坚持科学理性、团结合作和多边协调。显然，我国选择了更符合中国价值观的第二种方式，勇敢面对国际国内舆情与我国意识形态、国家治理体系之争，同时尽最大努力帮助他国抗击疫情，展现了敢于斗争、善于斗争的伟大斗争精神。

（四）打赢新冠肺炎战“疫”与完成脱贫攻坚、全面建成小康社会之争

2020年本是我国完成脱贫攻坚任务、实现全面建成小康社会的决战之年。突如其来的新冠肺炎疫情使我国一边要抢时间战“疫”，一边要按时按标准脱贫。从我国“两不愁三保障”的现行脱贫标准来看，疫情对不愁吃、不愁穿，义务教育、基本医疗和住房安全方面的影响总体来说较小，其影响主要集中在制约贫困

群众的收入方面，对贫困人口较快增收、稳定增收造成很大冲击，具体表现在以下三个方面：

1. 贫困人口返岗困难。贫困地区人们收入的主要渠道是外出务工，只有按时返岗就业，贫困人口才能维持增收、实现脱贫。受疫情影响，原本我国 2019 年外出务工的 2729 万贫困人口，在 2020 年第一季度（截至 3 月 6 日）能返岗就业者仅 1420 万人。二季度返岗虽有提速，但贫困群体在一二季度的收入甚微，会对部分贫困户如期脱贫造成影响。

2. 扶贫产品销售困难。疫情阻碍了人员流动、交通运输等，造成扶贫产品流通不畅、产销脱节等问题。大量产品滞销，既增加了成本投入，又限制了生产和扩大再生产。

3. 扶贫项目实施困难。为解决因地域而造成的贫困问题，我国很多扶贫项目都实行跨区域的定点帮扶，而疫情使得这些帮扶项目不得不暂时中断，使其难以发挥对贫困群众的带动和辐射作用。

面对如此境况，党和政府解决好战“疫”和扶贫的矛盾与斗争，赢得斗争的胜利，关系我国“两个一百年”奋斗目标和我国民族复兴大业的实现。

二、出场标识：以敢于斗争、善于斗争表征疫情防控中的斗争精神

（一）敢借心理攻势，善打心理防御战：提振人们战胜病毒的心理自信和精气神

新冠肺炎疫情阻击战，不仅是一场“病毒防御战”，更是一场

“心理防御战”，而病毒防御要靠每一个内心勇敢和顽强斗争的人，因此，提振人们战胜病毒的心理自信和精气神是抗疫斗争的基础。为打好这一基础，我国在疫情防控中既敢借心理攻势、敢于斗争，又善打心理防御战、善于斗争，将斗争精神落到实处。

1. 从情绪层面入手，及时提供心理治疗和复健服务。疫情发生后，党和政府积极联合各界成立心理咨询组织、设立心理支援热线和开设网络心理健康教育课程等，24 小时为人民提供心理服务和人文关怀，第一时间稳住大众情绪、争取斗争时间。

2. 从认知层面入手，分区分重点进行大众安抚。疫情期间，不同的区域有不同的心理风险级别。一般来讲，区域疫情越严重则人们的心理风险级别越高，该区域人们对自身战胜病毒的认知能力就越弱，故要更加重视对疫情重灾区人们的积极心理攻势。为此，党和国家领导人亲自前往疫情重灾区考察并作出战略部署，肯定该区人民为抗疫作的贡献，纠正其“无能为力”的认知。习近平总书记更是坚定地指出：“武汉是英雄的城市，湖北人民是英雄的人民。”“湖北和武汉等疫情严重地方的群众自我隔离了这么长时间，有些情绪宣泄，要理解、宽容、包容，继续加大各方面工作力度。”这些言行，给予湖北省武汉市人民莫大的安慰和鼓励，提高了人们战胜疫情的信心和认知。

3. 从健康层面入手，加强医疗保障。治疗新冠肺炎所需的高昂医药费，加剧了人们的心理负担。基于此，党和政府提出“两个确保”“先救治、后结算”“应治尽治、应收尽收”等要求并出台相关政策，通过基本医保、大病保险、医疗救助等形式，为患者减免费用。截至 2020 年 7 月 19 日，仅在医保领域，全国新冠肺炎患者涉及医疗费用就达 18.47 亿元，其中，医保支付 12.32 亿元，支付比例达到 67%，有效减轻了人们的心理负担。

以上种种措施，使人民的心理压力得到释放，提振了人民继续顽强斗争的精气神，为抗疫胜利凝聚了更多主体力量，这既是党和政府斗争策略正确性的印证，又是党和政府善于斗争的生动体现。

（二）敢先行先试，善科学精准防控：构筑放开经济社会民生群防群治的严密防线

面对由新冠肺炎疫情引起的社会防控与复工复产之间不协调、不对等的矛盾和冲突，党和政府并没有只重其一或顾此失彼，而是抓住了疫情不同时期防控与生产斗争的轻重关系，在平衡两者中，大胆借鉴老办法、创出新策略。

1. 在疫情初期，防疫防控压倒一切。因为新型冠状病毒具有突发性、极强传染性和巨大破坏性，故在疫情初期，人们必须将病毒防御放在首位，全力遏制传染扩散、减少损伤。为此，党和政府迅速作出了武汉市“封城”的决定。这是近现代中国继 1910 年东北三省鼠疫事件和 2014 年甘肃玉门鼠疫事件导致地方封城后的再一次封城。随后全国 31 个省区市迅速启动重大突发公共卫生事件一级响应，这是新中国成立以来首次以一级响应措施应对重大灾难。火速建立的火神山、雷神山和方舱医院等，借鉴了 2003 年非典小汤山医院、2008 年汶川地震方舱医院的建造模式，加以改进后用来治疗新冠病毒肺炎，有效阻断病毒蔓延。

2. 在疫情中期，两者互为支撑、互促共进。这一时期，以习近平同志为核心的党中央一边放开经济社会民生、推进复工复产，一边采取硬核防控方法、构筑严密防线。这期间，党和国家一方面通过科研攻关和物资生产保障疫情防控，用科学技术快速实现大规模人群的病例确诊和相关密切接触者追踪；另一方面看到社会防控在放开经济社会民生上的作用，积极探索如网格化管理等疫情防控的新模式。

3. 在疫情后期，复工复产成主流、疫情防控不放松。2021 年，

我国首次不提经济增速发展目标，而是强调要做好“六稳”工作、落实“六保”任务，防控策略也由原来的“内防扩散、外防输出”转变为“外防输入、内防反弹”，有效平衡了社会防控与复工复产的矛盾。

这些大刀阔斧、先行先试和精准防控的措施，体现了中国人民对斗争精神的深刻理解和变通运用，是敢于斗争、善于斗争的表现。

（三）敢亮意识形态之剑，善夯实斗争胆魂：坚决反对病毒污名化和疫情政治化

1. 以理相争，打击不实论断和谣言。面对部分西方国家打出的病毒政治牌和进行的非理性病毒溯源，我国一针见血地指出：“中国是病毒受害国，也是全球抗疫贡献国，应该得到公正对待而不是责难。”“新冠病毒是人类未知的新病毒，病毒溯源是科学问题……通过转嫁责任掩盖自身问题，既不负责任也不道德，中国绝不接受任何滥诉和索赔要求。”用讲理的方式表明，病毒才是人类的共同敌人，同时，与国际合作加强科研攻关，将病毒溯源引入理性轨道。

2. 以情相争，加强宣传教育和舆论引导。面对疫情期间各类错误思潮经由互联网传播迅速滋长的势头、面对部分西方国家对我国治理体系和治理能力肆意攻击的情形、面对“普世价值观”下极端个人主义和自由主义使社会淡漠的局势，党和政府迅速采取针锋相对的斗争策略。第一，积极利用网络加大爱国主义、国家安全和意识形态等的宣传教育力度，打好网络舆情战；第二，积极输出我国疫情防控的显政，用抗疫实际数据和效果来印证中国特色社会主义制度之“行”和中国共产党之“能”，增进人民群众的认同与信心；第三，积极制作各类抗疫宣传短片和举行全国

性哀悼活动，使人们在感动和悼念中树立以国为重、以国为荣的家国情怀，使人们在他人的付出和牺牲中更加奉行集体主义，粉碎极端个人自由主义思想。

3. 以德相争，承担中国责任与担当。面对部分西方国家的蓄意责难，中国一边摆出事实、据理力争；一边还主动承担起抗疫的责任，如主动分享中国防疫的有效经验、协助困难国家共抗疫情，并在积极构建人类命运共同体基础上推行人类卫生健康共同体，推动多国间的团结合作，为抗疫作出巨大贡献。这种以德报怨的新范式，赢得了世界卫生组织和世界上很多国家的欣赏和支持，意大利学者库恩还表示："未来，历史学家很可能会把中国抗击新冠肺炎疫情的过程，视为世界范围内遏制新疾病传播的典范……历史很可能为此感谢中国。"

（四）敢直面双重挑战，善从危中捕机遇：战"疫"扶贫"两手抓、两手都要硬"

新冠肺炎疫情是危机，也是变局。要克服危机扭转变局，需要每一个人发扬斗争精神，以斗争育新机开新局。在这一过程中，我国敢于斗争善于斗争的斗争精神表现在三个"变"上。

1. 准确识变。实事求是地对待疫情给我国脱贫攻坚带来的危机和挑战，尤其是对贫困人口就业、增收以及扶贫产品销售方面造成的影响；正确认识疫情下直播扶贫和消费扶贫对脱贫攻坚的重要作用，认识到疫情危机下蕴含的"机"，进而精准施策。

2. 科学应变。为实现脱贫目标，党和国家对全国 52 个贫困县和 1113 个贫困村实行了挂牌督战，在资金政策上给予倾斜，千方百计稳住贫困人口就业岗位；以战"疫"助农新方式解决产品滞销问题。如请各大网红、明星甚至县长走进直播间，助力农户卖货；推出公益助农融媒行，即"央媒＋自媒体＋艺人"的助农扶贫新模式，通过实地采风助力特色农产品和文化产品推广等；以政府采购、东西部扶贫协作、市场主体参与、社会扶贫网销售等消费扶贫模式，积极推动人们消费，灵活应对贫困户增收、稳收慢的问题，不断增大我国转危为机的潜力。

3. 主动求变。面对疫情给脱贫攻坚带来的“变”与“危”，习近平总书记以“要坚持用全面、辩证、长远的眼光分析当前经济形势，努力在危机中育新机、于变局中开新局”，“危和机总是同生并存的，克服了危即是机”的思辨思想，启发人们主动求变，从眼前的困难中捕捉和创造机遇，作好抗疫和扶贫的斗争，使变危为机成为可能。可以说，一手抓战“疫”一手抓扶贫，反对因疫情而动摇我国“两个一百年”战略目标是十分正确的举措，我国在双重挑战中只有以敢于斗争和善于斗争的辩证思维处理好危与机、常与变的关系，才能顺利化危为机，实现双战双赢。

三、出场意义：探赜疫情防控中斗争精神的现实意义

（一）有助于树立斗争意识，增强斗争本领

古语有言，斗则得，服则失。一个人如果不斗争，就会妥协退让、得过且过；一个政党如果不斗争，就会治理无能、失去民心；一个民族如果不斗争，就会精神坍塌、国家濒危。新冠肺炎疫情营造了人们斗争的实践环境，为人们敢斗争、善斗争创造了机会。在与新冠病毒的斗争中，党和政府协同调度、稳步推进、斗争有方，军民各地硬核应援、不屈不挠、斗争有节，广大医务者英勇奉献、无悔坚守、斗争有力。抗疫斗争的艰辛和牺牲，提振了中国人民的斗争风骨、斗争气节、斗争操守和斗争胆魂，警

醒着人们珍惜无数人用顽强斗争换来的平安健康。因此，探赜疫情防控实践中展现的这些伟大斗争品格，将使人们更加重视斗争意识、不断加强斗争本领，用实实在在的行动践行斗争要求、领悟斗争精神，在今后实践中达到习近平总书记所要求的“对潜在的风险有科学预判，知道风险在哪里，表现形式是什么，发展趋势会怎样，该斗争的就要斗争”的斗争水平。

（二）丰富和发展了伟大的抗疫精神

习近平总书记指出：“在这场同严重疫情的殊死较量中，中国人民和中华民族以敢于斗争、敢于胜利的大无畏气概，铸就了生命至上、举国同心、舍生忘死、尊重科学、命运与共的伟大抗疫精神。”生命至上的抗疫精神，是人类与病毒激烈斗争过程中展现的仁爱传统和人民至上的价值旨归；举国同心的抗疫精神，将全国人民的斗争力量汇聚在一起，用斗争赢得团结伟力；舍生忘死的抗疫精神，是医护人员与生死的较量，是广大党员的奋勇争先，是抗疫最美逆行者奔赴防疫战线的顽强斗争；尊重科学的抗疫精神，是科学思维、哲学思维在疫情防控中的具体体现，是引导科研人员不断向科学要答案、要方法，用科技创新的斗争方式奋战研发新冠疫苗；命运与共的抗疫精神，使全人类同舟共济，携手共进。

（彭钰美：华中师范大学马克思主义学院硕士研究生、兼职辅导员）

斗争本领

新时代开展伟大斗争的原则要求与策略方法 *

秦书生　朱双鹏

党的十八大以来，习近平总书记站在全局和战略高度，就新时代开展伟大斗争发表了一系列重要论述，内涵丰富，思想深邃，为新时代开展伟大斗争提供了理论指导和实践指引。习近平总书记深刻回答了新时代开展伟大斗争应当坚持什么样的方向、立场，把握什么样的原则、要求，运用什么样的策略、方法等有关增强斗争本领的问题，为我们新时代开展伟大斗争提供了根本遵循。

明确斗争的原则要求

（一）斗争是有原则的斗争，要坚持底线原则

新时代开展伟大斗争不是要搞战争年代“你死我活，生死缠杀”的武装斗争，也不是要搞社会主义建设初期大规模的群众运动，更不是要搞疾风骤雨式的阶级斗争。斗争不是盲目的无边乱斗，而是有原则的，“是在民主和法治轨道上展开的斗争，是在维

---

* 节选自《当代世界与社会主义》2021 年第 2 期，原文题为《新时代开展伟大斗争的方向立场、原则要求与策略方法》。

护正常社会秩序前提下展开的斗争”。

第一，新时代开展伟大斗争要在法治思维中加快法治中国建设，在坚守法治底线中全面推进依法治国。习近平总书记指出：“在统筹推进伟大斗争、伟大工程、伟大事业、伟大梦想的实践中，在全面建设社会主义现代化国家新征程上，我们要更加重视法治、厉行法治，更好发挥法治固根本、稳预期、利长远的重要作用。”法治是规则之治，管长远，抓根本，权威性强，稳定性好。新时代人民群众对公平正义有更高期待，各类市场主体对法律保护有更高需求，推进国家治理体系和治理能力现代化需要全面依法治国，要求我们更加尊崇法律、敬畏法律，坚守法治底线，遵守法律要求，明晰哪些事能做、哪些事不能做，坚持依法依规办事，在法律规则的框架下进行斗争；要更加自觉地维护法律权威，牢固树立法治思维，依靠法治方式、运用法治手段、坚持法治观点来看待问题、解决矛盾、开展斗争。

第二，新时代开展伟大斗争是要坚守底线思维。坚持运用底线思维开展伟大斗争，这是坚持马克思主义方法论的重要体现，也是中国共产党治国理政高超智慧的凝结。习近平总书记指出：“坚持底线思维，增强忧患意识，提高防控能力，着力防范化解重大风险，保持经济持续健康发展和社会大局稳定。”坚守底线思维，就是要把形势和问题看得更加复杂严峻些，做好应对最坏局面的准备，努力争取最好的结果；坚守底线思维，就是要时刻保持见微知著的洞悉、一叶知秋的敏锐，既立足本职又观望全局，把风险扼杀在源头，着力防范化解重大风险；坚守底线思维，就是要在守住底线的基础上化被动为主动，向各种矛盾和风险发起进攻，将风险防御战转化为战略主动战，在战略层面争取最好的结果。当前，我国疫情防控取得阶段性成效，我们仍需坚守底线思维，充分考虑经济社会发展面临的新困难新挑战，着力防范化解重大风险，从而打好这场从富起来到强起来，从大国迈向强国，全面建设社会主义现代化国家的伟大斗争。

（二）贯彻“刀刃向内”的自我革命精神

中国共产党历来是一个敢于正视错误、勇于自我革命的政党。自我革命是中国共产党的优良作风和一贯传统。习近平总书记指出：“我们党总是在推动社会革命的同时，勇于推动自我革命。”党的自我革命是永葆党的先进性和纯洁性的重要法宝，是不断提高执政水平、增强执政能力的重要手段，是推进党的建设伟大工程的重要保障。习近平总书记指出：“坚定不移推进党的伟大自我革命，敢于清除一切侵蚀党的健康肌体的病毒，使党不断自我净化、自我完善、自我革新、自我提高。”党员干部要敢于同一切弱化党的领导、动摇党的执政基础、违反党的政治纪律和政治规矩的行为作斗争，响应中央号召，执行中央决议，坚决抵制破坏党的集中统一领导的行为，担当起党和人民赋予的使命任务。

坚定不移推进党的自我革命，要求党员干部更加自觉地投身改革创新的时代潮流，坚决破除一切顽瘴痼疾。改革是体制机制创新，是新时代进行伟大斗争的重要方面。全面深化改革进入深水区，在推进改革的过程中取得新突破、新进展，关键就在广大党员干部要有自我革命的勇气、敢于斗争的硬气、善于斗争的底气，坚决打破利益固化藩篱、破除制度体制障碍、调整既有利益格局，将全面深化改革进行到底。

自我革命关键在“自我”，坚定不移推进党的自我革命，要求党员领导干部自觉、积极地加强主观世界改造，敢于在斗争中正视自己的缺点，时常照照镜子以审视自己的初心，时常“洗洗澡”以清除各种杂质和病毒的侵扰，主动在与党中央要求的比对中找准差距，在与党章党规的比对中透视缺点，在与先进典型事迹的比对中发现不足，在与人民群众期待的比对中提升能力，将自我革命精神落实到自觉行动中，不断增强锐意进取、埋头苦干、开拓创新、敢于斗争的原动力。

（三）发扬斗争精神，勇于担当作为

敢于担当是共产党人鲜明的政治本色、应有的政治品格，更是重要的政治责任。习近平总书记指出："领导干部不论在哪个岗位、担任什么职务，都要勇于担当、攻坚克难。"然而，有一些党员干部在大是大非的斗争面前低了头、弯了腰、投了降，在困难与挑战面前不出力、不作为，将党员干部的斗争精神和斗争本领抛之脑后。针对这些问题，习近平总书记指出："衡量党员、干部有没有斗争精神、是不是敢于担当，就要看面对大是大非敢不敢亮剑、面对矛盾敢不敢迎难而上、面对危机敢不敢挺身而出、面对失误敢不敢承担责任、面对歪风邪气敢不敢坚决斗争。"习近平总书记这一论断告诉我们，党员干部面对大是大非要敢于亮剑，敢于把规矩和底线划出来，把坚强的党性原则亮出来，把共产党员的先锋模范作用摆出来。面对矛盾不回避，面对困难不逃脱，能够挺身而出，冲锋在前，在实现民族复兴的伟大斗争中应对重大挑战、抵御重大风险、克服重大阻力、解决重大矛盾。

党员干部面对失误要敢于承担责任。在推进中国特色社会主义发展的过程中难免会出现工作失误，面对不足和问题，党员干部要有正视问题、直面错误的胸怀，敢于承担责任，也要有知错就改的胸怀，善于把失误失败的教训转化为推动工作创新的宝贵财富和不竭动力。党员干部面对歪风邪气要敢于坚决斗争。无私才能无畏，无私才敢担当，要把纪律和作风守起来，把斗争的胸怀和气魄显出来，敢于较真碰硬，同歪风邪气作斗争，时刻保持清醒、自觉，永葆共产党人的政治本色。

（四）坚决同腐败行为作斗争

腐败是社会毒瘤，是人民群众最痛恨的现象。腐败在当下主要表现为贪赃枉法、行贿受贿、权钱交易、腐化堕落等现象，它会对党和国家的健康肌体造成极大危害。当前，反腐败斗争取得压倒性胜利，全面从严治党实效性不断提高，党内政治生态得到显著改善，但是仍要清醒看到，反腐败斗争形势依然严峻复杂，全面从严治党依然任重道远。这就要求我们必须坚定同腐败行为进行斗争的信念，筑牢自身反腐拒变的防线，坚决同腐败行为作斗争。一方面，要检视自身有没有坚守清正廉洁的操守，时刻保持敬畏之心，敬畏党的纪律规矩、敬畏手中权力、敬畏人民重托、保持人民情怀。领导干部要坚定自身理想信念，强化理论武装，用理论上的清醒坚定行动上的自觉，清除各种杂质和病毒的侵扰，敢于在斗争中正视自己的缺点不足，敢于同思想上的蛀虫开战；要强化党性修养，时时刻刻审视自己，用自身的干净廉洁彰显共产党员的鲜亮底色，树立起敢于斗争的坚定信心。另一方面，要敢于同一切影响党的先进性和纯洁性的问题作坚决斗争，充分认识到反腐败斗争是一场持久战、攻坚战，具有长期性、复杂性的特点，要以永远在路上的心态、敢于斗争的状态、不畏艰险的姿态坚决对一切腐败行为说不，巩固反腐败斗争的胜利成果。

掌握斗争的策略方法

（一）讲求斗争艺术，在斗争中运用矛盾分析方法

新时代开展伟大斗争要注重斗争策略方法。习近平总书记指出：“要学习掌握唯物辩证法的根本方法，不断增强辩证思维能力，

提高驾驭复杂局面、处理复杂问题的本领。”矛盾、斗争是客观存在的，无法回避的，这就要求我们要正确看待矛盾、直面斗争。一段时间以来，整体和平的全球形势、相对宽松的发展氛围，使一些党员干部被蒙蔽了头脑、遮挡了双眼、迷失了心智，看不到发展中的风险和挑战，忽视了潜在的问题和困难，斗志薄弱，警惕不足，不愿提斗争、不敢说斗争，更不会去斗争，出现了严重的精神懈怠、斗志不足风险。这就深刻提醒我们，要保持清醒头脑，充分认识斗争的客观性、普遍性，任何时候都不能有消极懈怠、偃旗息鼓的想法。

中国特色社会主义进入新时代，出现了新的矛盾和新的问题。新时代的世情国情党情发生了变化，但是矛盾问题仍然突出，“在前进道路上我们面临的风险考验只会越来越复杂，甚至会遇到难以想象的惊涛骇浪”。党员领导干部要时刻保持高度警惕，深化认识，充分意识到斗争的普遍性、长期性、复杂性。

在斗争中运用矛盾分析方法，要注意抓主要矛盾、抓矛盾的主要方面，这是斗争的重要方法。习近平总书记指出：“我们既要讲两点论，又要讲重点论，没有主次，不加区别，眉毛胡子一把抓，是做不好工作的。”在斗争中运用矛盾分析方法，就是要坚持两点论和重点论的统一，就是看问题、办事情既要抓重点，又要兼顾全面。

运用矛盾分析方法开展伟大斗争，还要处理好斗争与和谐的关系。习近平总书记指出：“要团结一切可以团结的力量，调动一切积极因素，在斗争中争取团结，在斗争中谋求合作，在斗争中争取共赢。”这一论断说明我们要处理好斗争与团结的关系，即斗争与和谐的关系。斗争与和谐的关系是哲学意义上矛盾的“对立”和“同一”，体现着矛盾双方相互依存、相互促进、共同发展的状态。通过斗争追求和谐状态，能够对事物的发展起到积极的促进作用。习近平总书记高度重视把握斗争与和谐的关系对促进事物发展的重要意义，以宽广的世界视野和负责任的大国担当，创造性提出构建人类命运共同体的思想，为构建全球公平正义的和谐新秩序贡献中国智慧和中国方案，有效缓解了国际社会争端和敌对矛盾，为不同社会制度国家的交流交往提供崭新模式，找到了一条营造和平国际环境的新途径。他强调既要与西方分裂势力、霸权主义坚决斗争，又要充分展现中国负责任大国的国际形象，化解矛盾，消除误会，为我国发展创造安定和平的国际环境。

习近平总书记善于运用辩证思维，从事物相互联系、相互作用的关系出发分析矛盾。指出："在各种重大斗争中，我们要坚持增强忧患意识和保持战略定力相统一、坚持战略判断和战术决断相统一、坚持斗争过程和斗争实效相统一。"坚持增强忧患意识和保持战略定力相统一，既要求我们要增强忧患意识，防微杜渐，清醒认识到斗争面临的往往不是单一的矛盾问题，更多的是多重矛盾的交织叠加，从而在小问题中预测到可能存在的大风险，从不同问题中把握矛盾运动规律，从而做好应对风险的管控措施；同时也要求我们保持战略定力，认识到改革攻坚进入深水区，我们面临的风险挑战愈加繁杂，旧问题愈加艰险，新问题层出不穷，许多过去没有暴露的问题展现出来，斗争面临着许多新的特点，所以在保持忧患意识的同时要始终保持坚定自信，少一分问题来临时的惊慌失措和急于求成，多一分"乱云飞渡仍从容"的气势和魄力，始终坚定不移跟随党中央的步伐，在斗争中不断将党的各项政策举措推行下去。坚持战略判断和战术决断相统一，既要认识斗争的整体态势是向好的，也要认识到新时代伟大斗争的紧迫性和严峻性，清醒认识到党内腐败土壤仍然存在，形式主义、官僚主义等问题还时有发生，防范化解重大风险的任务仍然十分艰巨，体制机制的弊病顽疾亟待破除，推进国家治理体系和治理能力现代化的任务仍然任重道远。党员干部在这些重大问题面前，必须抱有壮士断腕的决心，在战术决断上毫不拖泥带水，这样才能将斗争继续推进下去。坚持斗争过程和斗争实效相统一，就是既要遵循发现矛盾、认识矛盾、解决矛盾的斗争规律，拨开隐藏在事物表层的无序干扰，透过事物现象看到本质，更要集中力量下苦功夫，坚决斗争，破除发展风险，克服体制弊端，坚持将斗争实效摆在首位，争取最好的斗争结果，从而在根本上取得新时代伟大斗争的胜利。

（二）加强斗争历练，在实践磨砺中掌握斗争方法

进行伟大斗争不是一句简单的口号，不能只是空谈理论、背离实践、脱离群众，而是要在艰险挑战中磨砺筋骨，在风雨锤炼中增长才干，在工作中掌握斗争方法，以一身好本领、硬脊梁、真担当带领人民群众发展进步。

第一，领导干部要在工作中掌握斗争方法，到重大斗争中去经受锻炼。温暖的环境里长不出最傲骨的花朵，千百次的磨砺才能铸就过硬的斗争本领。习近平总书记指出：“要多选一些在重大斗争中经过磨砺的干部，同时要让没有实践经历的干部到重大斗争中去经受锻炼，在克难攻坚中增长胆识和才干。”重大斗争实践是掌握斗争方法、练就过硬本领的必经之路。艰难时刻、危急关头往往面对的是事关国家社会发展全局、关乎人民群众切身利益的全局性工作，意味着矛盾聚焦、风险汇聚、困难叠加，是斗争的焦点、靶点和重点，是对领导干部自身的斗争本领提出的重大考验。同时，严峻的形势、吃劲的岗位不仅能够给予领导干部发挥本领和能力的机会，更能够在实践中检验领导干部斗争的本领。领导干部只有在重大斗争的磨砺下，锻炼意志品质，磨炼党性修养，坚定革命精神，才能掌握和运用好正确的斗争策略和方式方法，才能克服接踵而至的困难和考验，才能不负党和人民重托，才能取得新时代伟大斗争的胜利。

第二，领导干部要在基层实践中掌握和运用好正确的斗争策略和方式方法，增强斗争本领。基层一线是了解国情社情民情的第一窗口，是认识实际、增长见识、提升能力的重要平台，更是向人民群众学习、拜人民群众为师的最好途径。习近平总书记指出："基层离群众最近，最能磨炼人。"只有走到基层一线，走到群众身边，感受真实现场，才能更好地增长领导本领、促进自身成长成才。基层直面人民群众的切身利益，工作节奏快，工作压力大，事情庞杂，矛盾繁多，这就对领导干部的知识水平、能力素质和斗争本领提出了更高要求，但是多磨炼才能长本领，多经历才能有收获。

领导干部要在基层实际工作中学习斗争本领，在学习中提升斗争能力。领导干部要从思想上将下基层视为磨炼个人意志和增强本领的好机会，身下基层，心更要下基层，把全部心思放到基层工作实践中，在基层中不断直面困难考验和各种斗争挑战，真正解决老百姓关心、忧心、担心的问题，不断增进与基层人民群众之间的血肉联系，成为百姓的贴心人知心人。在脱贫攻坚这场具有新的历史特点的伟大斗争中，党员领导干部来到基层成为"第一书记"、扶贫驻村干部，俯下身子、沉下心来，向最困扰老百姓的贫困问题宣战。他们在基层摸爬滚打，淬炼成钢，把自己的满腔热情和智慧投入到带领人民群众脱贫致富奔小康的奋斗征途，一同谱写了震天动地的决战决胜脱贫攻坚伟大传奇。领导干部要广泛开展调查研究，在基层中增进对社情民意的认识，增强解决民生问题的实际能力，在处理基层事务中发现问题和矛盾，为适应更为艰苦的环境、解决更为重大的难题打牢坚实的基础，在基层锤炼中不断掌握斗争策略方法，增强斗争本领，不断创造能够经得起实践、人民和历史检验的业绩。

（秦书生：东北大学马克思主义学院长聘教授、博士生导师；朱双鹏：东北大学马克思主义学院硕士研究生）

战略思维视角下中共中央转战陕北的历史启示*

刘建军　申灿

在国民党军队对解放区的全面进攻受挫后，从 1947 年开始，蒋介石调整了战略部署，集中了近 70 万的兵力对山东和陕北解放区进行重点进攻。这样，陕北战场和山东战场就成为解放战争中两处较为重要的主战场。能否粉碎国民党的重点进攻，关乎着整个中国革命的成败。

1947 年 3 月，胡宗南以绝对优势的兵力大举进攻中共中央所在地陕北延安，使得中共中央再度面临着大规模转移。如何应对国民党对延安的疯狂进攻以及如何重新布局全国解放战场，成为中共中央亟须解决的重大战略问题。中共中央转战陕北过程中，以毛泽东同志为主要代表的中国共产党人，以科学的思维方法制定战略策略，不仅充分体现了中国共产党人高超的战争指挥能力，更展示出中国共产党人对马克思主义立场、观点、方法的灵活运用。

* 节选自《河北工程大学学报》(社会科学版) 2020 年第 4 期。

一、中共中央主动放弃延安体现了高瞻远瞩的战略思维

蒋介石将重点进攻陕北的任务交给了拥有重兵的“西北王”胡宗南。1947 年 2 月 28 日，蒋介石急电西安绥靖主任胡宗南去南京，表示将要进攻延安。1947 年 3 月 13 日，胡宗南 15 个旅 14 万余人，分兵两路，向延安发动进攻。再加之马鸿逵、马步芳部和榆林邓宝珊部，全部兵力达 34 个旅约 25 万人。而在这个地区的中共部队只有 2.6 万余人，无论是在兵力上还是武器装备上，保卫延安的部队都很难与胡宗南的军队进行正面抵抗。面临着蒋介石和胡宗南对延安的重点进攻，中共中央坚毅地作出应对。毛泽东的回应是：“我是要最后撤离延安的。”中国共产党人对延安有很深的感情，撤离延安的决定不是很容易就能作出的。放弃延安不仅意味着中共中央再次实施战略转移，同时也意味着中国共产党苦心经营十多年的红色首府将陷入敌人之手。面临着军事和政治上的困境，以毛泽东为核心的中共中央站在全局的高度，从全国战争形势和革命发展形势出发，以战略性思维向广大党员和军事干部阐述了中共中央主动撤离延安的战略考量。“我军打仗，不在一城一地的得失，而在于消灭敌人的有生力量。存人失地，人地皆存；存地失人，人地皆失……我们要以一个延安换取全中国。”毛泽东关于人地的辩证认识，充分体现了中共中央主动撤离延安的战略思想。1947 年 3 月 19 日，中共中央又再次向全党指出：“我们若能将胡大部吸引在陕甘宁而加以打击消灭，这正便利于其他解放区打击和消灭敌人，恢复失地。”时任中央书记处办公室主任的师哲回忆道：“可否设法保住延安而不撤退。毛主席说：你的想法不高明，不高明。你知道吗？蒋介石占领了延安，他就以为自

己胜利了，但实际上只要他一占领延安，他就输掉了一切。”以小换大，以局部失利来换取全局的胜利，这一思想充分表明了毛泽东和中共中央在撤离延安问题上高瞻远瞩的战略性思维。而最后的事实也正如毛泽东所讲，我们不仅收复了延安，同时也换取了全国的胜利。

依据中共中央保卫延安并适时放弃延安的决策部署，在延安保卫战实施六天六夜后，3 月 18 日，毛泽东、周恩来撤离延安。

二、中共中央留在陕北体现了高瞻远瞩的战略思维

1947 年 3 月 18 日，中共中央在发给各地区负责人的电报中就指出:“以边区地域之广，地形之险，人民之好，有把握钳制胡军并逐渐削弱之，保持广大地区于我手，以利他区作战取得胜利。”毛泽东在撤出延安前曾对王震讲道，我和你们一起坚持在陕北斗争，不打败胡宗南，决不过黄河。撤离之前，无论是中共中央还是毛泽东都表达了要留在陕北继续牵制胡宗南部的想法。与此同时，彭德怀等人却极其担心中共中央和毛泽东的安危，多次建议中共中央离开陕北，东渡黄河。随着胡宗南部进攻的深入，中共中央五位书记对是否留在陕北也有了不同意见。1947 年 3 月 20 日，刘少奇、朱德和任弼时在发给贺龙等人的电报中就明确表示中共中央要离开陕北的想法:“中央决定全部先后转移晋绥，请在辛关渡设置少数船只，以便紧急时渡河之用”。这封电报表明中共中央有初步渡河进入晋绥的想法。此时毛泽东率领的一部分中央机关还在徐家沟，并没有前往王家坪。1947 年 3 月 21 日，毛泽东率领中共中央机关转移到清涧县高家崄，在这里观察敌人占领延安后的动向。3 月 25 日，毛泽东率领中共中央机关与朱德、刘少奇等人在王家坪会合。3 月 27 日毛泽东在给彭德怀的电报中指出中央

决定在陕北不走。同日，中共中央在发给贺龙、李井泉的报告中指出了中共中央留在陕北的原因："中央率数百人在陕北不动，这里人民、地势均好，甚为安全。"这就与3月20日刘少奇、朱德等人致电贺龙中共中央准备全部转移晋绥的电报有了出入。直到此时，中共中央向何处去依然没有最终的定论。

1947年3月28日在王家坪，中共中央作出了留在陕北的决定。但是到了3月29—30日的枣林沟会议上，在讨论中央机关行动去向的问题上，中共中央又发生了争论。任弼时"坚持要中共中央离开陕北，东渡黄河到较安全的地方"。而毛泽东再次站在全局的视角，明确指出自己不能走，并要求党中央也最好不要走，从而达到拖住胡宗南为其他地方争取有利条件的目的。最终，中共中央同意了毛泽东的建议，决定继续留在陕北指挥作战。与此同时，中共中央从战略全局的高度出发，出于对安全的考虑，决定对中共中央机关和五大书记进行分工。至此，中共中央机关一分为三，毛泽东、周恩来和任弼时率领中共中央和解放军总部留在了陕北。

毫无疑问，这是一个大胆决定和惊险之举，又是一个集果敢、胆识和智慧于一体的空前壮举，是一个建立在非常清晰的形势认识和坚实的依据之上的理性判断和正确的战略决策。这是因为，从战略高度来看，无论是在政治上还是军事上，中共中央和毛泽东留在陕北都有着极端重要的意义。在政治上，党中央和毛泽东继续留在陕北会大大鼓舞在陕北和其他地区进行作战的军民士气，也向全国人民展现了中国共产党大无畏的革命精神气概，大大提高了共产党在全国人民心目中的地位，在国际上也形成了一定的影响。1947年5月14日，在安塞县真武洞举行的庆祝大会上习仲勋公开讲道："今天这个大会完全揭穿了两个月来敌人的造谣。他们说什么中共中央走了，西北局走了，边区政府也走了，这只是敌人的梦话。毛主席和中共中央仍然在边区领导着我们。我们有毛主席和中共中央的领导，我们更加信心百倍，更加勇气百倍，一定把胡宗南军队消灭干净。”在军事上，党中央和毛泽东留在陕北，将会大大牵制胡宗南的主力，减轻其他解放区的作战压力。国民党对陕北和山东两个解放区的进攻，就像打出去的两只拳头，只要能牵扯住两只拳头，使其难于往回收缩，国民党的中心区域就会裸露出来，这也就为之后刘邓大军挺进大别山直插敌人心脏起到至关重要的作用。

三、中共中央转战陕北体现了高瞻远瞩的战略思维

枣林沟会议决定了毛泽东、周恩来和任弼时率领中共中央和解放军总部继续留在陕北，但以何种形式留在陕北并没有明确的指导思想，留并不意味着转。中共中央如果想始终拖住胡宗南部，就必须在确保自己安全的前提下，始终保持对胡宗南部的吸引。蒋介石之所以命令胡宗南进攻延安，主要意图在于将中共中央“逐出西北，以便东进击破中原或华北战场之共军”。因此，中共中央和解放军主力就成为胡宗南部寻找攻击的首要目标。对此，中共中央和毛泽东有着清醒的认识，毛泽东为中央军委起草并在1947年5月11日发给彭德怀、习仲勋等人的电报中就指出：“胡宗南此次进攻，亦是企图将我驱至河东……胡军目的完全不是所谓打通咸榆公路，而是驱我过河。”中央军委在胡宗南进攻延安之初就确定陕北解放军的作战方针是：“我军在陕北作战，目的是钳制胡宗南集团，实现这一目的的关键不在守住延安，而在于让敌人进入陕北后，无法脱身。”中共中央和毛泽东正是根据此目的，在陕北开始了艰苦而伟大的转战。“从1947年3月18日离开延安到1948年3月23日东渡黄河，毛泽东转战陕北历时1年零5天，行程1000多公里，途经12个县，驻留过38个村庄。”可以说，

这一年的时间中共中央和毛泽东始终保持着“转”的状态。

陕北转战，是中共中央的又一次战略大转移，在千山万壑中领着紧逼追击的国民党军队从一个沟壑转移到另一个沟壑。

转战陕北的条件极其艰苦，也极其危险。这是因为，陕北地区沟壑遍布，这样的地形地貌特点，对中共中央和毛泽东来说，带来了不利的转战条件。他们要在陕北无数山梁之间爬上爬下，睡野地，啃干粮。更为严重的是，转战路上，险象环生。转战陕北历时一年多，有时和国民党军队擦肩而过，有时遭到国民党军队的前后夹击，仅大的转移就有八次。有时，两军相距仅四五里路，有时仅隔一个山头。当时跟随中央转战的通信大队长黎东汉回忆转战陕北甚至比长征时还苦。虽然充满困难甚至危险，但中共中央和毛泽东始终不改其策，在陕北钳制住了胡宗南部，采取“蘑菇战术”，使其始终难以发现中共中央和毛泽东的位置，数万大军疲于奔命。

中共中央以 800 多人的小队伍始终将胡宗南的几十万大军拖在陕北，配合彭德怀的西北野战军将胡宗南的部队拖累拖瘦，分而歼之，为粉碎国民党蒋介石重点进攻和缓轻其他战场压力，从而由战略防御向战略进攻提供了有利条件。中共中央转战陕北虽然条件极其艰苦，中央也始终在移动过程中。但中共中央和毛泽东始终胸怀全局，站在全国革命形势新发展的高度，站在战争全局的高度制定决策，战略判断准确，谋划科学，使得中国共产党始终在军事中处于主动地位。

1948 年 3 月，中共中央转战陕北的任务已经胜利完成，为了适应革命形势的迅速发展，迎接不久就要到来的全国范围的伟大胜利，中共中央决定到华北去和中央工委、中央后委会合。毛泽东说，中央准备东渡黄河，自从蒋介石指挥胡宗南进攻陕甘宁边区，党中央在陕北转战已一年了。去年 3 月 19 日胡宗南占领了延安，可谓蒋介石最得意、最神气之时。蒋介石得意忘形，要在三个月或半年之间消灭中央首脑机关和西北野战军。经过一年的较量，全国各战区的斗争形势对我们越来越有利，我们在全国范围由被动变为主动了。3 月 21 日，毛泽东率领中央机关离开杨家沟，到达绥德县的吉镇。23 日，中共中央和毛泽东东渡黄河，进入山西临县，结束了在陕北的转战岁月。

四、启示

“战略问题是一个政党、一个国家的根本性问题。战略上判断得准确，战略上谋划得科学，战略上赢得主动，党和人民事业就大有希望。”而战略思维，就是强调看问题、想事情要高瞻远瞩，统揽全局，不能陷入事务主义之中；要以小见大，见微知著，善于把握事物发展总体趋势和方向。其突出特点，就是前瞻性、全局性、根本性和长远性。中共中央转战陕北的历史，神奇而又惊人，就是一个着眼于从战略上赢得主动从而逆转了严峻形势的成功范例。

中共中央主动撤离延安和转战陕北的伟大决策启示我们，思考问题和制定决策要有战略思维和全局视角，要从全局把握局部，从长远把握当下。这就要求我们党员领导干部树立大局意识，善于把握大势，善于从大局和大势去考虑问题。战略思维要求我们无论做任何事情都要站得高、看得远、稳得住。所谓站得高，就是要站在党和国家发展的高度，站在国内和国外发展的高度，站在历史和未来的高度来思考问题；看得远，就是要有预见性，不能仅看到眼前的事物，要能够透过现象看本质，能够看到纷繁复杂现象背后隐藏的本质关系，根据事物发展的客观规律做出的正确决策。稳得住，就是要在明确战略目标后，要有“泰山崩于前而不瞬，卒然临之而不惊”的战略定力，不能因一时困难，就放弃对目标的坚定。

（一）清晰明确的战略目标

清晰明确的战略目标是中共中央转战陕北重要的历史启示之一。中共中央转战陕北的战略目的就是配合全国解放战场，实现由战略防御向战略反攻的转变。从主动撤离延安，到留在陕北再到转战陕北，中共中央和毛泽东始终明确这一目标，面对着几十倍于己的敌军，面临着转战陕北的艰难困苦，始终保持战略清醒，聚焦目标制定决策。因此，清晰明确的战略目标是转战陕北能够成功的重要保障。这就要求我们在实际工作中，要有清晰明确的战略目标。战略目标不是凭空而定，而是在根据实际情况，研判事物发展规律的基础上制定的科学合理的战略目标，有了清晰明确的战略目标，才能统一思想，才能为着同一目标努力奋斗。

（二）统筹协调的战略部署

中共中央在转战陕北期间发出的电报和指挥的战役全部是着眼于全国解放战场，包括陕北、山东、东北、山东、华中等地区的军事作战。正是有了中共中央统筹协调的战略部署，各地区紧密配合，才最终实现了转战陕北的预期目标。明确了战略目标，就要有统筹协调的战略部署。只有战略目标而无统筹协调的战略部署，那么工作就会一盘散沙，最终也难以达到预期的目标。战略部署就是根据战略目标统筹协同安排具体措施，每项措施之间要有协同性、关联性，每项措施都要共同推进、共同实施。

（三）保持坚定的战略定力

战略定力是确保实现战略目标的重要基石，战略目标再明确，战略部署再全面，如果不能保持战略定力，就会竹篮打水一场空。中共中央和毛泽东在确定转战陕北的战略目标后，始终紧紧围绕这一目标制定决策，无论是面临战争的危险还是各种偶然事故的危险，中共中央和毛泽东都始终坚定不移，坚如磐石，最终确保转战陕北战略目标的实现。保持坚定的战略定力一方面需要对战略目标保持坚定的自信，无论遇到什么样的阻力和困难，都要始终相信目标的正确性和可实现性。另一方面，也需要有坚强的意志和毅力。实现目标的过程不会一帆风顺，轻轻松松，会遇到各种各样的挫折。在这一过程中，只有坚强的意志和毅力，才能确保我们始终不偏离战略目标。

〔刘建军：中共河北省委党校（河北行政学院）中共党史教研部教授；申灿：中共河北省委党校（河北行政学院）中共党史教研部教师〕

着力提升防范化解生态环境风险能力*

许先春

建立健全生态安全体系、维护生态安全，是加快构建生态文明体系的重大任务。习近平总书记指出："要始终保持高度警觉，防止各类生态环境风险积聚扩散，做好应对任何形式生态环境风险挑战的准备。"我们要增强忧患意识，坚持底线思维，打好防范化解生态环境风险的战略主动战，为建设美丽中国提供坚强保障。

一、辩证把握应对生态环境风险挑战中的各种重大关系

当前，我国生态文明建设正处于压力叠加、负重前行的关键期，已进入提供更多优质生态产品以满足人民日益增长的优美生态环境需要的攻坚期，也到了有条件有能力解决生态环境突出问题的窗口期。如果现在不抓紧做好防范化解生态环境风险挑战工作，将来解决起来代价会更高、难度会更大、后果会更重。防范化解生态环境风险是一项复杂的系统工程，我们必须妥善处理如下一些重大关系。

一是经济发展和生态环境保护的关系。这也就是习近平总书

* 节选自《环境与可持续发展》2020 年第 6 期。

记所说的“绿水青山和金山银山”的关系，是推进新时代生态文明建设的一个重大原则。这二者是辩证统一的，经济要上台阶，生态文明也要上台阶，决不能顾此失彼。发展经济不能对资源和生态环境竭泽而渔，生态环境保护也不是舍弃经济发展而缘木求鱼。生态环境问题归根到底是经济发展方式问题，要转方式、调结构，推动经济高质量发展。必须坚持在发展中保护、在保护中发展、发展和保护协同共生。

二是经济社会发展和资源环境承载力的关系。要以资源环境承载力为硬约束，把经济社会活动、人的行为限制在自然资源和生态环境能够承受的限度内，形成与资源环境承载力相匹配、可持续的发展格局。深入推进绿色发展，建立健全绿色低碳循环发展的经济体系，推进能源生产和消费革命，推进资源全面节约和循环利用，倡导简约适度、绿色低碳的生活方式。

三是生态保护和污染防治的关系。这两者是此消彼长的关系。习近平总书记在阐述其关系时，使用了一个形象生动的比喻：污染防治好比是分子，生态保护好比是分母，要对分子做好减法，对分母做好加法，协同发力。

四是治标和治本的关系。生态环境风险表现多样、成因复杂，必须坚持标本兼治、综合治理的方针，形成总体效应。治标，就是要着力解决突出生态环境问题，该整治的整治、该禁止的禁止，遏制环境污染蔓延的趋势。治本，就是要查找生态环境风险发生的深层次原因，在思想观念、体制机制等方面下功夫，从源头上解决问题。治标和治本是相辅相成、相得益彰的两个方面。要坚持治标治本有机结合，既解决显性问题，也解决隐性问题；既解决表层次问题，也解决深层次问题。

五是全局和局部的关系。局部与全局相互依存。在应对生态环境风险挑战的过程中，每一项举措既要考虑局部的具体情况，更要从大局出发，从全局上来统筹谋划，做好前瞻性的顶层设计，避免只见树木、不见森林，防止囿于局部和眼前利益而损害全局和长远利益。

六是整体推进和重点突破的关系。要在整体推进的基础上抓主要矛盾和矛盾的主要方面，抓住当前最紧急、人民群众反映最强烈、危害最大、后果最严重的生态环境风险源，精准施策、靶向治疗，进行重点突破。要统筹谋划生态文明体系各个环节的工作，注重各项举措系统集成、协同配套，做到整体推进和重点突破相统一。

二、打好防范化解生态环境风险的战略主动战

面对新老环境问题交织，区域性、布局性、结构性环境风险凸显，环境污染、生态破坏等问题时有发生的态势，我们要强化风险意识，坚持把生态环境风险纳入常态化管理，坚持防治污染、保护生态、管控风险“三管齐下”，着力提升防范化解生态环境风险能力，有效应对生态安全挑战。

（一）见微知著，科学预判生态环境风险

习近平总书记强调，要“常观大势、常思大局，科学预见形势发展走势和隐藏其中的风险挑战”。预判风险是有效防范化解风险的前提，把握风险走向是谋求战略主动的关键。要坚持问题导向，善于发现隐患因素、倾向性苗头，善于透过复杂现象把握本质、抓住要害，知道潜在的风险点在哪里、症结在哪里，对各种可能的风险及原因要心中有数。

系统构建全过程、多层级生态环境风险防范体系。所谓全过程，就是要把生态安全体系建立在生态文明从源头到结果的全过

程，在整个过程中都要注重防范风险，不能此一时彼一时、抓一时松一时。所谓多层次，就是要把风险意识贯彻到生态文明建设的各个方面各个环节。要按照系统工程的思路，全方位、全流域、全过程开展生态环境保护建设，加快以生态系统良性循环和环境风险有效防控为重点的生态安全体系建设。

要加强对各种风险源的研判。当前要特别注重充分运用第二次全国污染源普查成果，深入梳理全国工业污染源、农业污染源、生活污染源、集中式污染治理设施和移动源相关基本信息和污染物排放信息，深入分析未来应对生态环境风险挑战的重点区域、重点流域、重点行业、重点污染物的最新最全面情况，为加强污染源监管、环境风险排查、重大环境科技攻关项目等各项工作提供有力支撑。

（二）未雨绸缪，主动防范生态环境风险

生态环境风险爆发非一日之功，从积累到显现会经历一个过程。越是见事早、行动快，就越能减少其负面影响；越是见事迟、行动缓，解决起来难度就越大。因此，要早作谋划，防微杜渐，下好先手棋，及时清除各种隐患。

要强化风险防控，建立健全风险研判机制、决策风险评估机制、风险防控协同机制、风险防控责任机制。切实抓好资源环境承载能力评价工作，抓紧建立资源环境承载能力监测预警机制，特别是要运用大数据技术开展监测预警，为生态环境治理提供精准、科学的支撑。系统梳理和掌握各类生态隐患和环境风险，按照山水林田湖草是一个生命共同体的理念，研究提出从源头上系统开展生态环境治理的整体预案和行动方案，在此基础上分类施策、重点突破。按照主体功能区定位，明确优化开发、重点开发、限制开发、禁止开发的空间管控单元。对于资源、生态、环境超

载区域要实行限制性措施，调整发展规划、产业结构，控制发展速度、人口规模，促进人口、资源、环境、生态、经济社会协调和可持续发展。

（三）精准施策，有效化解生态环境风险

应对生态环境风险挑战，要对准焦距、找准穴位，不能“走神”“散光”、不能大水漫灌。要加强对各种风险源的研判，坚持辨证施治、靶向治疗，真刀真枪地解决问题。注重查源头、排隐患、防风险，盯紧把牢各类风险源，切实做好风险管控。要采取务实管用、针对性强、落地见效的措施，力争把风险化解在源头、消灭在萌芽状态，及时中止生态环境领域不同风险的联动传导，阻断生态环境风险向经济社会等领域扩散传播的通道。

着力防范化解重点领域的生态环境风险。要以改善生态环境质量为核心，以解决人民群众反映强烈的大气、水、土壤污染等突出问题为重点，坚决打赢蓝天保卫战、碧水保卫战、净土保卫战，持续开展农村人居环境整治行动，在此基础上全面加强环境污染防治。要把解决严重损害人民群众身体健康的环境问题作为民生优先领域，着力解决好细颗粒物（PM2.5）、食品污染、重金属、化学品等环境难题，有效破解“邻避”问题，切实提高人民群众在生态环境质量方面的获得感、幸福感、安全感。

着力提升突发环境事件的应急处置能力。环境应急管理承载着及时应对处置各类生态环境突发事件的重要使命。要关口前移，努力实现从注重事后处置向注重事前预防转变，从减小生态环境风险损失向遏制生态环境事故发生转变。加强生态环境应急预案管理，健全全国统一的环境应急预案电子备案系统，强化跨部门、跨区域环境应急协调联动能力。

加快生态安全制度建设。聚集重点问题和关键环节，以防控

生态环境风险为底线，以打好污染防治攻坚战为载体，加快制度创新，强化制度执行。一是注重源头严防，健全自然资源产权制度、加快建立健全国土空间规划和用途统筹协调管控制度等基础性、总体性的制度。二是注重过程严控，实行资源总量管理和全面节约制度、健全生态保护和修复制度等约束性、管控性的制度。三是注重损害赔偿，构建资源有偿使用和生态补偿制度等补偿性的制度。四是注重后果严惩，建立生态文明建设目标评价考核制度、实行责任追究制度等评价性、惩处性的制度。

提高生态环境监管水平。健全生态环境监测和评价制度，加快形成信息共享、天地一体化的生态环境监测网络。完善生态环境监管体系，严格生态环境质量管理，加强污染源监管、重点地区监督帮扶、排污许可证核发等工作。落实中央生态环境保护督察制度，严肃查处生态破坏行为。

（许先春：中共中央党史和文献研究院第一研究部副主任）

以斗争精神推动新时代对台工作*

尹茂祥　雷玉梅

面对岛内政局跌宕及外部势力干扰，大陆对台工作应增强紧迫感、责任感，以习近平总书记对台工作的重要论述为基本遵循和行动指南，坚定信念、勇于斗争，不断寻找新时代对台工作的新路径，坚决挫败各种形式的"台独"分裂活动，不断推进祖国和平统一进程。

（一）领会斗争内涵："坚定信念、迎难而上、锲而不舍、顽强拼搏"的精神状态

本文所讲的斗争，不是马克思主义最初意义上的阶级斗争，更不是庸俗意义上的争权夺利的斗争，而是一种习近平指出的"具有许多新的历史特点的伟大斗争"，是一种"坚定信念、迎难而上、锲而不舍、顽强拼搏"的精神或者状态，"任何贪图享受、消极懈怠、回避矛盾的思想和行为都是错误的"。具体来看，"完成祖国统一"无疑是一场重大的斗争，其性质是"台独与反台独"之争，是"分裂与反分裂"之争，是"主张、赞成国家统一的力量与分裂、破坏国家统一的力量"之争。斗争的对立面主要指"台独"分裂势力，在岛内外有较大的、持续的破坏力和影响力，

* 节选自《台海研究》2019年第4期，原文题为《论斗争精神在新时代"反独促统"工作中的应用》。

需要我们积极面对并进行坚决的斗争。

（二）把握斗争关键：坚定正确的政治方向

从本质上看，“台独”作为一种分裂和分化势力，是敌视社会主义制度、反对党的领导、抵制民族复兴和国家富强的。因此，反对“台独”、推进祖国统一的斗争必须保持清醒的头脑，坚定正确的政治方向。一是要坚持和加强党的领导。“加强和改善党的领导是当前反分裂斗争的政治保证”。新中国成立以来，中国共产党领导全国人民取得了多次反分裂和反恐维稳斗争的胜利，挫败多起国内外敌对势力分裂国家的图谋，有效维护了国家主权统一和领土完整。新时代的对台斗争形势更加复杂严峻，尤其需要我们加强党的集中和统一领导，自觉在思想上、政治上、行动上同党中央保持高度一致，坚决贯彻执行中央对台大政方针与决策部署。二是要用先进的理论武装头脑。以马克思主义，以及马克思主义中国化的最新成果——习近平新时代中国特色社会主义思想为斗争的行动指南。“习近平总书记对台工作重要思想是习近平新时代中国特色社会主义思想的重要组成部分，是开展新时代对台工作的基本遵循和行动指南。对台工作系统必须长期坚持、一以贯之，在学懂弄通做实上下功夫，在工作中深入学习领会、坚决贯彻落实，推动对台工作在新时代有新气象、新作为”。

（三）明确斗争目标：民族复兴与国家统一的辩证统一

“伟大斗争”是由“伟大事业”和“伟大梦想”决定的。实现中华民族伟大复兴是鸦片战争以来中国人民最伟大的梦想，是中华民族的最高利益和根本利益。实现中华民族的伟大复兴，首先就是要维护国家主权安全和发展利益，与分裂国家的各种敌对势力进行坚决斗争。从这个意义上讲，新时代对台工作的最终目标，就是实现中华民族伟大复兴的“中国梦”。在中华民族伟大复兴征程中，反对“台独”、完成祖国统一，既是时代的要求，更是中华民族的责任所在。习近平正是站在民族大义的历史视野和民族发展的大局下思考“反独促统”工作，多次指出“实现祖国完全统一，是实现中华民族伟大复兴的必然要求”，“民族复兴、国家统一是大势所趋、大义所在、民心所向”，“台湾问题因民族弱乱而产生，必将随着民族复兴而终结”。为此，我们要牢固树立大局意识，着眼中华民族整体利益，把维护国家主权、安全、发展利益放在首位，在中华民族大发展大作为的历史进程中为祖国统一创造更有利的基础和条件。

（四）坚守斗争底线：“一中”“反独”的危机意识和红线意识

古人云：居安而念危，则终不危；操治而虑乱，则终不乱。鉴于岛内外复杂严峻的局势和各种潜在的风险挑战，大陆“反独”斗争必须强调居安思危的忧患意识，在对台斗争中划定底线、保持高压，坚守“一个中国原则、反对任何形式‘台独’”的底线和红线。2017年3月，习近平在视察军委联合作战指挥中心时强调，“全军要强化忧患意识、危机意识、打仗意识”。10月，习近平在十九大报告中强调，“我们有坚定的意志、充分的信心、足够的能力挫败任何形式的‘台独’分裂图谋。我们绝不允许任何人、任何组织、任何政党、在任何时候、以任何形式、把任何一块中国领土从中国分裂出去”，表明了大陆反对“台独”分裂图谋的坚定意志和鲜明态度。此外，针对外部势力频打“台湾牌”，中央多次对国际社会亮明底线，明确表示“不惜一切代价”坚决反对美台之间进行任何形式的官方往来和军事联系，同时警告台湾当局

“挟洋自重必将引火烧身”，占据斗争的主动权和主导权。

（五）注重斗争策略：“以斗争促发展”的统一战线思想

斗争不是逞强好胜、盲目冲动，而要讲究方法策略，有效开展行动。新时代“反独促统”工作，既要有鲜明的底线和坚定的原则，也要有灵活的策略和务实的方法。其中最重要的，就是必须严格按照中央对台方针政策开展工作，既要孤立、打击“台独”分裂势力，也要充分利用我党开展统一战线的经验，对内充分调动人民群众的积极性和主动性，发挥各种社会力量的作用，不断为国家统一工作建言献策，对外要提升我们的话语权和影响力，在国际社会建立“反独”“一中”的联合阵线，团结一切可以团结的力量。在实现“两个一百年”奋斗目标的关键阶段，以习近平同志为核心的党中央明确提出“统一战线是夺取革命、建设、改革事业胜利的重要法宝”，“是全面建成小康社会、加快推进社会主义现代化、实现中华民族伟大复兴中国梦的重要法宝”，“越是变化大，越是要把统一战线发展好、把统战工作开展好”。当前，民进党当局大打“美国牌”，不断在国际社会发声骗取支持，大陆“反独促统”工作尤其要坚持内部打击与外部防范相结合、国内统一战线与国际统一战线相结合的思想，争取国际社会及海内外同胞的广泛理解和积极支持。为此，大陆坚定按照一个中国原则、中国法律与相关国际法准则，团结海内外一切反对“台独”的政治力量，妥善处理有关台湾问题的涉外事务，有力维护了国际社会的“一中框架”。2016年以来，由于蔡英文当局拒绝承认“九二共识”，两岸关系急转直下。台湾地区相继被国际民航组织（ICAO）和世界卫生大会（WHA）拒之门外。圣多美与普林西比、巴拿马、多米尼加、布基纳法索、萨尔瓦多先后与台当局“断交”，至此与中国政府建交的国家达176个，台湾地区所谓的“友邦”仅剩 17 个。可以预期，只要大陆坚持正确的对外策略，民进党当局在国际上只会越来越孤立。

（六）讲究斗争方法：“以斗争求合作”的融合发展思想

马克思主义认为，斗争与合作是辩证统一的。大陆在“反独”斗争中保持底线思维和高压态势的同时，又在“促统”工作中秉持“两岸一家亲”理念，扩大两岸经济社会融合发展，推动两岸同胞形成命运相连的共同体，积极主动争取两岸和平统一的前景，不断扩大两岸和平统一的社会与情感基础。自 2014 年 11 月习近平考察平潭综合试验区时首次公开提出两岸“融合发展”的概念以来，大陆从政策和实践角度不断加以推进和落实。2018 年 2 月颁布实施“31 条”，以实际行动落实台企、台胞同等待遇。两岸“应通尽通”不断取得突破，福建正式向金门供水，“两岸共饮一江水”终成现实。两岸经贸联系越来越密切，各领域交往持续扩大深化，更多台湾同胞来大陆就业、创业、学习和生活。据统计，截至 2018 年底，台湾居民来大陆累计超过一亿人次，累计批准台资项目 107190 个。其中 2018 年两岸人员往来超过 905 万人次，同比增长 3.2%。全年共批准台商投资项目 4911 个，同比增长 41.8%。两岸贸易额达 2262 亿美元，再创历史新高。两岸同胞是命运与共的骨肉兄弟，是血浓于水的一家人。对于台湾同胞，大陆要秉持“两岸一家亲”的理念，通过融合发展不断增进台湾同胞福祉，鼓舞和激励广大台湾同胞参与到维护和推动两岸关系和平发展、实现中华民族伟大复兴的进程中来。

（七）增强斗争本领：综合实力与军事备战下的现实主义思维

习近平要求我们不仅要敢于斗争，更要善于斗争。斗争的核心和根本，就是要提高斗争本领，增强斗争的实力和基础，而这正是现实主义的视野关怀。两岸关系的实质可视为两岸之间实力的角逐，“两岸在经济实力、政治实力、军事实力的对比，是决定两岸关系发展走向的关键”。因此，提高斗争本领，首要和关键的就要通过发展提高自身实力。习近平指出：“发展是党执政兴国的第一要务，是解决我国一切问题的基础和关键。”“从根本上说，决定两岸关系走向的关键因素是祖国大陆的发展进步”。随着两岸综合实力的差距越来越大，大陆对台工作的主导权和主动权越来越大，反“台独”的方法和手段也越来越多，其中的军事斗争对“台独”分子形成了最大的威慑。习近平指出：“中国人不打中国人。我们愿意以最大诚意、尽最大努力争取和平统一的前景”，但同时指出“不承诺放弃使用武力，保留采取一切必要措施的选项。针对的是外部势力干涉和极少数‘台独’分裂分子及其分裂活动”。能战方能止战，这是战争与和平的辩证法。近年来，岛内“台独”分裂活动不断加剧，尤其是美国“与台湾交往法”生效后，台海紧张局势进一步升温。在此背景下，解放军海空军多次跨越第一岛链进行远航训练。从辽宁舰航母编队多次跨海区训练、歼–20 海上实战化训练、运–9 和轰 6K 多型轰炸机南海岛上起降，到解放军先后在台湾海峡举行实弹射击军事演习，再到 2019 年大陆两架歼–11 型战斗机飞越所谓“海峡中线”，大陆舰机绕台演练的次数增加、力度加大，并呈现机制化趋势，彰显中国政府完全有能力排除外部势力的干扰，捍卫国家主权和领土完整。

习近平告诫我们：“不忘初心，牢记使命，就不要忘记我们是共产党人，我们是革命者，不要丧失了革命精神。”新的时代，大陆要全面贯彻落实以习近平同志为核心的党中央对台大政方针和决策部署，敢于斗争，善于斗争，“以斗争求合作，以斗争促发展”，不断推进祖国统一进程。

（尹茂祥：中国社会科学院台湾研究所副研究员；雷玉梅：江南社会学院副研究员）

新时代中国外交发扬斗争精神的基本要求*

陈积敏　孙新平

面对复杂严峻的国际环境、艰巨繁重的历史任务与现实战略能力的复合型特征，中国外交需要明确新时代发扬斗争精神的基本要求，主要是明确以下四个方面的问题。

（一）斗争的时代性特征

不同历史时期有着不同的历史任务，因而也就具有了不同性质与形式的斗争。党的十八大报告指出，发展中国特色社会主义是一项长期的艰巨的历史任务，必须准备进行具有许多新的历史特点的伟大斗争。新时代中国外交发扬斗争精神首先要明确这一时期斗争的时代性特点。

在新民主主义革命时期，中国共产党面临的历史任务是推翻三座大山，争取民族独立、人民解放，为实现中华民族伟大复兴创造根本社会条件。因而，阶级斗争与武装革命是这一时期斗争的主要表现形式。在社会主义革命和建设时期，中国共产党面临的历史任务是实现从新民主主义到社会主义的转变，进行社会主义革命，推进社会主义建设，为实现中华民族伟大复兴奠定根本政治前提和制度基础。这一时期虽然仍存在一定范围内的阶级斗

* 节选自《和平与发展》2022 年第 2 期，原文题为《新时代中国外交发扬斗争精神的战略思考》。

争，但它已经不再是主要矛盾。然而，从国际上来说，中国所面临的安全环境相当恶劣，甚至一度出现与美苏两个大国同时对峙的局面。维护国家独立、主权与尊严是这一时期外交斗争的主要内容。在改革开放和社会主义现代化建设新时期，中国共产党面临的主要任务是继续探索中国建设社会主义的正确道路，解放和发展生产力，为实现中华民族伟大复兴提供充满新的活力的体制保证和快速发展的物质条件。这一期间，中国确立了社会主义初级阶段基本路线，做出和平与发展是时代主题的科学判断，改善与发展了同外部世界的关系。维护与促进发展利益成为这一时期外交斗争的主要内容。

党的十八大以来，中国特色社会主义事业取得了历史性成就，中华民族实现伟大复兴具备了更加有利的条件、更加有力的基础，但同时也面临着更为复杂的国际形势和前所未有的外部风险挑战。2018 年 6 月，习近平在中央外事工作会议中精辟地指出：“当前，中国处于近代以来最好的发展时期，世界处于百年未有之大变局，两者同步交织、相互激荡。”面对国际国内因素更紧密地相互交织、互相影响的新态势，维护安全与发展利益成为这一时期中国外交斗争的主要内容。需要指出的是，尽管各种敌对势力仍然存在，但新时代中国外交斗争的重点已不是关乎国家生死存亡的问题，而是关乎实现总体安全与更好发展的问题。因而，斗争的阶级性、零和性色彩明显弱化，而复杂性、严峻性以及因斗争而达成妥协的可能性显著提升，这为中国外交以斗争求团结、促合作、谋发展提供了有利条件。

（二）斗争目的

中国共产党的初心使命是为中国人民谋幸福、为中华民族谋复兴，“一百年来，我们党团结带领人民进行的一切奋斗、一切牺牲、一切创造，都是在践行为中国人民谋幸福、为中华民族谋复兴的初心使命”。这清晰表明了中国共产党与中国人民所有努力、所有斗争的目标所在。正如习近平所指出的，“我们讲的斗争，不是为了斗争而斗争，也不是为了一己私利而斗争，而是为了实现人民对美好生活的向往、实现中华民族伟大复兴知重负重、苦干实干、攻坚克难”。

面对百年未有之大变局以及中华民族伟大复兴的战略全局，中国外交斗争的根本目的就是要坚定维护国家主权、安全、发展等核心利益，为中华民族伟大复兴创造一个更加有利的外部环境，塑造、维护、延长重要战略机遇期。于中国而言，实现中华民族伟大复兴必须要坚持中国共产党领导与社会主义制度不动摇，这成为中国共产党人斗争的大原则、大方向，当然也是中国外交与全体中国人民的主要斗争方向。《中华人民共和国宪法》明确规定:“中国人民对敌视和破坏我国社会主义制度的国内外的敌对势力和敌对分子，必须进行斗争。”本质而言，中国外交斗争具有内向性、防御性特征，其目的不是要颠覆现行国际体系，也不是要寻求世界第一的地位，更不是要去谋求霸权地位。习近平在会见 2019 年创新经济论坛外方代表时明确说:“我们提出实现中华民族伟大复兴的中国梦，但这个梦绝不是‘霸权梦’。我们没有准备去取代谁，只不过是让中国恢复应有的尊严和地位。”因而，中国外交发扬斗争精神要坚持目标导向，紧紧围绕为中国人民谋幸福、为中华民族谋复兴的初心使命，按照“坚持斗争过程与斗争实效相统一”的要求，防止两股极端思潮对外交工作的干扰，即不顾一切盲目斗争、急躁冒进的极左思潮以及忽视斗争、否定斗争的极右思潮，做到有理有利有节，避免外交斗争的简单化、机械化、情绪化、扩大化。

（三）斗争重点

从方法论的角度来讲，分清主次矛盾、抓住主要矛盾的主要方面是有效解决问题的关键。毛泽东指出："在复杂的事物的发展过程中，有许多的矛盾存在，其中必有一种是主要的矛盾，由于它的存在和发展规定或影响着其他矛盾的存在和发展"。2018 年 6 月，习近平在中央外事工作会议上也强调，把握国际形势要树立正确的大局观，"要把握本质与全局，抓住主要矛盾与矛盾的主要方面"，避免在国际乱象中迷失方向，舍本逐末。主要矛盾确定后就要集中优势力量加以应对。恩格斯曾指出："为了进行斗争，我们必须把我们的一切力量捏在一起，并使这些力量集中在同一个攻击点上。"

从整体外交关系看，大国关系是中国外交的重点方向，而中美关系则是重中之重。美国对于中国的主权、安全、发展利益构成了全方位、深层次、持久性影响。随着中美实力对比的变化，美国的霸权焦虑心理日益加剧，护持霸权的急迫感愈加强烈，打压、遏制中国的意图更为明显，手段更加激化。当然，中美关系是复杂的，即便是对美斗争这个层面，也应该抓住矛盾的主要方面，"在原则问题上寸步不让、寸土不让，以前所未有的意志品质维护国家主权、安全、发展利益"，而不能眉毛胡子一把抓，像撒胡椒面一样没有焦点与重点。具体而言，中美矛盾的主要方面体现在美国试图塑造中国的发展进程和走向，而中国则坚持自己的制度和发展道路；换言之，就是美国能不能从根本上尊重中国的核心利益，能不能接受不同于己的国家实现发展，能不能尊重中国人民追求美好生活的权利。2021 年 8 月，中国国务委员兼外长王毅在天津向美国常务副国务卿舍曼提出了中方的三条底线：一是不得挑战、诋毁甚至试图颠覆中国特色社会主义道路和制度；二是不得试图阻挠甚至打断中国的发展进程；三是不得侵犯中国国家主权，更不能破坏中国领土完整。这三条底线事关中国核心利益，是中国对美外交斗争的主要内容。需要指出的是，中国反对的、要与之斗争的是美国霸权主义政策以及制定这种政策的鹰派政治势力，而不是广大美国人民。所以，开展对美斗争不是要打倒美国这个国家，不是要损害美国人民的利益，而是要遏止美国鹰派的既损害中国利益也不利于美国人民福祉的政策。

明确斗争重点的重要意义还在于它为外交斗争提供了团结的对象，为“统筹合作与斗争”提供了基本前提。无论是国内斗争，还是国际斗争，团结一切可以团结的力量，不断壮大自身而削弱对手是战略竞争的关键之着。因而，中美博弈的核心议题之一就是团结与分化能力的较量。于中国而言，推动建立新时代的“国际和平统一战线”是取得斗争胜利的必要条件。为此，首先是要加强国内团结，万众一心，众志成城。其次是要做好国际团结，进一步巩固与发展中国家的团结合作，促进与周边国家的关系稳定与发展，维护与大国关系的总体稳定与均衡发展。对于所谓的美西方，它们似乎在价值观与利益方面有着不少的共同之处，但彼此矛盾也是明显的。我们一定要“利用矛盾，争取多数，反对少数，各个击破”。

（四）发展与安全关系

统筹发展与安全两件大事是新时代中国外交的重要课题，这离不开对发展与安全关系的准确把握。我国是发展中国家，发展是党执政兴国第一要务，发展必须是科学的发展、高质量的发展、可持续的发展。实现这样的发展目标，需要牢固树立“创新是引领发展的第一动力”的意识。习近平强调：“回顾近代以来世界发展历程，可以清楚看到，一个国家和民族的创新能力，从根本上影响甚至决定国家和民族前途命运。”其中，科技创新具有基础性、关键性、引领性作用，因而“中国要强盛、要复兴，就一定要大力发展科学技术，努力成为世界主要科学中心和创新高地”。对于关键技术、核心技术的获取，加强基础研究与应用研究，增强自主创新能力，实现科技自立自强是根本之道，但最大限度地促进国际合作则能够更为有效地实现这个目标。“科学技术是世界性的、时代性的，发展科学技术必须具有全球视野。……自主创新是开放环境下的创新，绝不能关起门来搞，而是要聚四海之气、借八方之力。要深化国际科技交流合作，在更高起点上推进自主创新，主动布局和积极利用国际创新资源，努力构建合作共赢的伙伴关系”。

从这个角度来说，实现高质量发展离不开更高水平的对外开放，离不开更全方位的国际合作。开放发展是高质量发展的前提和基础，也是高质量发展的应有之义。实现更高水平的开放发展至少需要具备两项要素：一是有提升对外开放水平的主观意愿；二是有对外开放的对象与空间。从对象上来说，目前掌握世界先进技术、经验、资本、话语权的仍是西方发达国家，因而它们仍是我国对外开放的主要对象。然而，这些国家（尤其是美国）对于中国崛起的警惕与防范心理，甚至是敌意有较大提升。盖洛普咨询公司 2020 年 2 月进行的调查显示，仅有 33% 的受访者对中国抱有好感，比 2018 年下滑了 20 个百分点，这也是自 1979 年开始民调以来与 1997 年和 2000 年持平的最低点。2021 年 2 月盖洛普民调结果表明，这种下降趋势仍在继续，美国受访者对华好感度降至 20%，达到有记录以来的最低点。2020 年 3 月，皮尤研究中心发布的一份民调也显示，66% 的受访者对中国持有负面看法，这比特朗普执政之初上升了将近 20 个百分点；有 62% 的受访者认为中国力量与影响是主要威胁。2021 年 3 月，皮尤研究中心又发布了一份民调，显示美国对华认知进一步负面，89% 的人认为中国是竞争者或敌人。如此情形意味着我国高水平对外开放面临着更为复杂的外部环境。有鉴于此，在应对某些西方国家以挑衅、激将、“脱钩”等方式实施打压政策时，中国需保持冷静理性，通过更高水平的对外开放、更加紧密的互动合作打破某些国家孤立、遏制中国的企图；同时要认识到我国开放发展面临着前所未有的矛盾、风险、博弈，“稍不留神就可能掉入别人精心设置的陷阱”，必须牢固树立“越是开放越要重视安全”的意识，切实统筹好发展和安全两件大事。

〔陈积敏：中共中央党校（国家行政学院）国际战略研究院世界思潮研究所副所长、教授；孙新平：中共青岛市城阳区委党校讲师〕

中国共产党处理统一战线中团结与斗争策略的演变与启示*

严淑红

一、新民主主义革命时期的统一战线策略：又联合又斗争

1939年10月，毛泽东在《〈共产党人〉发刊词》中总结提出："十八年的经验，已使我们懂得：统一战线，武装斗争，党的建设，是中国共产党在中国革命中战胜敌人的三个法宝，三个主要的法宝。"这是毛泽东首次提出中国革命胜利的三大法宝，并将统一战线放在首位，标志着统一战线思想的形成。在革命时期，共产党领导广大人民群众以武装斗争抗击外来侵略并夺取全国政权，目标是推翻帝国主义、封建主义和官僚资本主义，建立一个独立、民主的新中国。围绕革命时期的战略目标，统一战线战略方法是联合所有力量，克敌制胜、夺取革命胜利的法宝。

在新民主主义革命时期，统一战线法宝的战略方针，是毛泽东提出的实行"又联合又斗争"的革命性政策。为了抗日的胜利，尽量同资产阶级建立革命统一战线，联合一切可能抗击外敌侵略的力量。这种联合具有强大的民族利益，各阶层、各团体以及利

* 节选自《湖南行政学院学报》（双月刊）2021年第5期。

益集团均存在共同目标，都希望国家的独立与统一。而资产阶级、地主阶级等支持革命但并不一定可靠，有时候不完全赞成共产党的奋斗目标，甚至害怕目标的实现损害他们的利益，因而会站出来反对共产党。尤其是在资产阶级及其反动力量反对共产党时，镇压无产阶级并直接分裂统一战线时，无产阶级被迫把统一战线的联合方式转变为斗争方式，采取发展全国民众运动的进步势力、争取开明士绅和地方实力派等中间势力、反对反动甚至破坏势力的策略，据此“又联合又斗争”的方针，在革命统一战线中壮大自己的力量。从革命的实践来看，统一战线“又联合又斗争”的策略，全面体现了革命时期处理三大势力的科学性。革命时期，发展进步势力就是放手扩大抗日民主根据地，发展全国民众运动；争取中间势力就是争取民族资产阶级、开明士绅和地方实力派；反对顽固势力，就是反对大地主大资产阶级的势力，同顽固派作斗争。概括起来，就是“又联合又斗争”的统一战线策略。

革命时期各种力量的成功联合，进一步体现“又联合又斗争”的辩证关系与历史意义。联合与斗争是辩证统一的关系，斗争是联合的手段，联合是斗争的目的；以斗争求联合则发展为团结，以退让求团结则不存在联合；只强调联合则不能建立统一战线，专注于斗争将毁了统一战线。无产阶级及其政党如果不知道联合，党就不能前进，革命就不能发展；不知道在联合时进行斗争，党就会瓦解，革命就会失败；在被迫分裂时如果不进行武装斗争，革命就更加会失败。中国共产党始终坚持抗日民族统一战线，善于以斗争求联合，建立抗日民族统一战线。所以，中国共产党的政治路线的重要一部分，就是同资产阶级既联合又斗争的政治路线；党的建设的重要一部分，也是在这中间发展起来和锻炼出来的。

二、社会主义革命和建设时期的统一战线策略：既团结又斗争

社会主义革命和建设时期，包括向社会主义过渡和社会主义建设。社会主义过渡时期，从夺取全国政权转为掌握并巩固政权，从新民主主义社会向社会主义社会过渡。在过渡时期中，社会结构与社会阶层相当复杂，建立社会主义政权的任务相当艰巨。需要社会各阶层、各党派以及各族人民齐心协力，携起手来巩固政权。那么，中国共产党不只是将他们联合起来，而是要将他们团结起来拧成一股绳。同时，在建立政权以后，敌我矛盾已不是主要矛盾，过去的反对力量的绝大多数是可以改造的对象。但是仍然有一些群体不愿意放弃既有的利益与势力，必然成为建设社会主义的阻力。排除阻力、改造落后阶层，仍然需要斗争。社会主义过渡时期完成以后进入全面的建设时期，社会主要矛盾是人民内部矛盾，有矛盾就会有斗争。因此，整个社会主义革命和建设时期的统一战线实行“又团结又斗争”的战略方针。1956 年，毛泽东在《论十大关系》中，强调共产党与各民主党派之间坚持“长期共存、互相监督”的方针，就是统一战线坚持“又团结又斗争”的高度概括。

共产党夺取政权不容易，夺取后巩固政权并且长期执掌好政权更不容易。长期执政必须同最广大人民群众一起，并取得海内外一切爱国者的支持。因此，根据“又团结又斗争”的战略方针，共产党通过和平的方式，迅速而顺利地完成了对农业、手工业、资本主义工商业等方面的社会主义改造；共产党通过教育的方式，不但完成了对从旧社会过来的知识分子的改造，而且帮助各民主党派进行自我改造；共产党通过斗争的方式，废除了封建特权和

压迫剥削制度，建立了人人平等的社会主义制度。共产党坚持团结一切可以团结的力量，完成过渡而进入了社会主义全面建设时期，并开启了共同建设社会主义的新合作，取得了社会主义建设的决定性胜利。

三、改革开放和社会主义现代化建设新时期的统一战线策略：大团结小斗争

我国进入改革开放时代，经过实事求是的真理标准问题的讨论，社会主义建设转向社会主义发展。党中央及时提出对内改革对外开放的重大政策，这就把中国集中精力求发展的战略目标摆在世界面前。这就要求拨乱反正、集中力量办大事、一心一意谋发展，脚踏实地立于世界之林。这个目标明确但又艰难，阻力来自体制内部与外部、来自因循守旧的势力、来自境外不认同社会主义发展的阻挠等。突然向世界开放，一切都是新的。因此提出改革也是革命的论断，党和国家面临的任务与革命时期一样的艰巨。这时候谁是我们的朋友并不重要，重要的是将更多的人团结为朋友，让更多的人支持、拥护并参与中国特色社会主义的发展。

改革时期的任务和目标不同于革命时期，革命时期是为了中国人民站起来，改革是为了中国人民富起来，这是决定统一战线策略安排的主要因素。改革开放以后，从计划经济转向市场经济，从本国经济走向国际经济，不再与资本主义划清界限而是要共同相处、平等竞争，因而包容经济走向前台。同时，总结改革开放之前的经验教训。根据以上因素，决定了统一战线的策略：大团结小斗争。必须强调一切以团结为重点，只要不是反对与破坏改革开放的，即使存在摩擦力也应该包容；但也要保持适当的斗争，

因为必定存在价值观、发展目标等方面持不同立场的反对者。为了发挥统一战线的作用，必须保持斗争态势，但不能盲目斗争。

所以党在改革开放的年代反复强调统一战线并加强团结。1982年，党的十二大报告提出了共产党团结民主党派的16字方针："长期共存、互相监督、肝胆相照、荣辱与共"，与之前相比增加了"肝胆相照、荣辱与共"的团结气氛。统一战线"大团结"的根本任务是凝聚人心、汇聚力量，以此构建和谐社会。改革开放以来，党沿着"大团结"的主题，使统一战线发展成为包括全体社会主义劳动者、拥护社会主义爱国者、社会主义事业建设者、拥护祖国统一的爱国者结成最广泛的联盟；确立"大团结"的主题，使统一战线发展成为团结一切拥护社会主义和拥护祖国统一的爱国者的大联合，从而有力地帮助共产党领导人民夺取中国特色社会主义事业的胜利：从国家富起来进入到国家强起来的新时代。

四、新时代的统一战线策略：强团结巧斗争

在党的领导下，中国经过多年的改革与发展，国家开始强起来了。随着财富的增多与人民生活的富裕，人们的观念发生了改变，追求有质量的生活；人民的民主、法制观念明显加强，社会秩序越来越稳定；人民的教育、文化水平明显提高，国民素质普遍提升，爱国已成为共识；互联网技术发展，信息、物流、支付的速度加快，网络平台改变了人与人的关系。国家在重大转变时期，共产党及时提出："中国特色社会主义进入新时代，我国社会主要矛盾已经转化为人民日益增长的美好生活需要和不平衡不充分的发展之间的矛盾。"在提出转化主要矛盾之后，又提出建立"国家治理体系和治理能力现代化"的整体目标。社会主要矛盾的

转化以及国家治理现代化目标的明确，为统一战线工作的策略安排确定了方向：强化团结、巧妙斗争。整体社会的富裕与文明具有高度同质性，这就易于产生共同而强烈的集体意识，激发了多元化社会生活的活力，从而对于社会团结产生一定的积极作用。“伴随劳动分工的精细化，社会成员、社会群体间的分化加速，但建立在分工基础上的相互依赖，是更有生命力的有机团结。”

统一战线的策略方向明确，强化团结就要加大团结力度扩大团结范围。坚持共产党领导统一战线，既是统一战线最鲜明的特征，也是最根本、最核心的问题。在新时代，只有加强共产党对统一战线工作的集中领导，才能保证统一战线始终具有正确政治方向。以习近平同志为核心的党中央，高度重视新时代统一战线的团结工作。习近平总书记强调要加强统一战线的工作，要正确处理团结与斗争的关系；尽量包容社会中各种各样的多样性，强化团结而画出最大的同心圆。修订后的《中国共产党统一战线工作条例》，强调将强化团结明确为统战工作的基本方针，将习近平总书记关于加强和改进统一战线工作的重要思想作为指导思想写入其中。统一战线指导思想的明确，对于指导实践、强化团结等方面将产生深远的影响。如果要做好新时代的统一战线工作，必须遵循习近平总书记关于加强和改进统一战线工作的重要思想。

在中国特色社会主义新时代，要有斗争而且要讲究斗争技巧和灵活性。习近平总书记于2019年在中央党校中青年干部培训班上专题强调：“广大干部特别是年轻干部要经受严格的思想淬炼、政治历练、实践锻炼，发扬斗争精神，增强斗争本领”。习近平总书记在这次培训班上的重要讲话，为新时代统一战线工作的斗争策略指明了方向，特别是提出了关于“伟大斗争”的重要论述。主要是在新时代，中国特色社会主义进入新的历史方位、处于新的外部环境、承担新的历史任务，都需要中国共产党的党员干部具有斗争精神和提高斗争本领。习近平总书记关于统一战线工作进行伟大斗争的重要指示，已从多个角度、不同方向论述了有关统一战线工作要坚持斗争的一系列重大问题，已“形成了具有鲜明时代特色的斗争理论”。习近平总书记这一重要论述紧紧围绕统一战线关于斗争的这一主题，提出了新形势下为开展伟大斗争而必须遵循的基本要求：斗争目标是为广大人民的根本利益，斗争方向是把握党的领导和社会主义制度的政治方向，斗争能力是逐步提升风险预判水平，斗争思维是要善于运用辩证思维开展斗争，斗争精神是做敢于斗争、善于斗争的战士等。

五、各时期处理团结与斗争关系的启示

从我国社会主义革命、建设以及改革开放时期统一战线工作的伟大成就来看，首先必须坚持并强调中国共产党的领导地位。实质上，共产党领导是中国关于统一战线的政治优势，也是统战理论中处理团结与斗争关系的重要原则。毛泽东早就对此指出：“没有中国共产党的坚强的领导，任何革命统一战线也是不能胜利的。”坚持党的领导，既是统一战线工作的原则，也是统一战线工作长期以来的经验总结。原则是坚持党的领导推进统一战线的发展，策略是灵活地处理团结与斗争的关系。这成为另一种原则性和灵活性相结合的方式：坚持党的领导为原则，与处理团结与斗争关系的灵活性相结合。

其次，统一战线工作的关键，在于科学处理团结与斗争的关系，并坚持把团结作为矛盾的主要方面。所谓统一战线工作，“统”是团结、“战”是斗争，处理好两者之间的逻辑关系是每一个时代的新课题。统一战线中处理团结与斗争的关系，必须根据时代的变化而不断修正策略，这是新时代马克思主义关于对立统一的矛盾观点。中国特色社会主义事业越是迅速发展，既对立又

统一的矛盾越是无处不在，处理团结与斗争关系的社会问题就越复杂。共产党领导下的国内各阶层之间、国家与国家之间，总是充满着矛盾、分歧甚至对立，统一战线工作必须面对这些现实。根据革命、建设、改革以及进入新时代以来的经验，党为了团结带领人民全面建成社会主义现代化强国，必须更大范围内团结一切力量，也必须反对一切阻碍中华民族伟大复兴的行为与势力。在处理统一战线工作中团结与斗争的矛盾关系时，总是坚持把团结作为矛盾的主要方面，认识到国内国外、社会各界都是新时代大团结的力量源，要汇聚各种磅礴伟力，参与到新时代中国特色社会主义建设中来。

最后，新时代遇到了更加复杂的形势与挑战，尤其是国际上担忧中国发展太快的时候，发挥统一战线优势，科学处理团结与斗争关系的策略显得特别重要。一是要实现大团结的目的。必须坚持以人民为中心，讲团结是为了实现人民的幸福，努力团结绝大多数人以提高人民幸福指数。全国人民紧密团结，社会才能发展、和谐与稳定，才能深刻体现团结促发展的核心要义。二是要讲究斗争艺术。从各个时期来看，凡是注重斗争策略的时候社会更加团结、经济更加发展。要伟大斗争，但要善于斗争，注重斗争的策略、方法、技巧，坚持有理、有利、有节；在原则问题上寸步不让，在策略问题上灵活机动。三是要培养处理团结与斗争关系的能力。过去的不同时期里，不断研究新形势、发现新问题，及时调整团结与斗争策略，因而总是起到了“法宝”的作用。根据新时代形势的需要，把握团结与斗争的时势、力度、效果，及时调整团结与斗争策略，这就需要不断提高处理团结与斗争关系的能力，保障相关理论研究超前、政策制定科学、实践工作踏实等。四是要建立统一战线的长效机制。中共中央发布了经过修订的《中国共产党统一战线工作条例》，从制度上保障处理团结与斗争关系的长效性。以加强团结为主题，坚持协商民主的独特优势，构建程序合理、环节完整的协商民主体系，完善处理团结与斗争关系的落实机制，为统一战线工作发挥更好的作用。

（严淑红：中共娄底市委党校党建教研部副教授）